フライングディスクの指導教本

フライングディスクの飛行について

久保 和之 著

晃洋書房

は じ め に

　2013 年の国際会議にて，2020 年に東京オリンピック・パラリンピックが開催されることが決まり，2015 年の開催都市提案種目にアルティメットとビーチアルティメットが候補種目として挙げられました．2 次審査に進んだ 8 競技のなかには選ばれなかったものの，フライングディスクが世界的にスポーツとして認知されていることが垣間見えた出来事でした．そもそも，オリンピックの正式種目となる応募資格があるのは，国際オリンピック委員会（IOC）の公認国際競技 35 団体であり，フライングディスクは 2013 年 5 月 31 日に準公認団体として認定されています．2012 年には保健体育の中学校学習指導要領に取り入れられ，体育の教材としても適していることが認知されるようになってきています．しかし，教材やスポーツとしての歴史が浅いことから，競技内容や指導方法が広く伝わっておらず，普及の妨げとなっているのが現状です．競技者として活動してきた者にとっては当たり前の練習方法や指導法が，競技を知らない指導者にとっては，まったく認知されていない状況があります．学校体育の教員や現場のスポーツ指導員から指導法について質問を受けることが何度もあり，指導法普及の必要性を感じるようになりました．本書では，初心者の指導を念頭に置き，幅広い年齢層に対応できるようにまとめました．指導するポイントを相手に合わせて指導することにより，運動する楽しさを味わっていただき，フライングディスク競技の普及が進めば幸いです．

目　　次

基 礎 理 論

1 フライングディスクの組織

(1) 世界フライングディスク連盟 (WFDF：World Flying Disc Federation)

　世界フライングディスク連盟は，世界のフライングディスク界を統括する組織で，本部はコロラド州にあります (2020 年現在)．1967 年にアメリカのエド・ヘドリックによって創立された国際フリスビー協会が解散したため，1984 年に新たに再編された組織です．スポーツとしてのフライングディスク競技を扱っており，世界選手権や国際的なイベントの開催，規則の制定，世界記録の認定などをしています．2020 年現在はアメリカのロバート・ラウが 7 代目の会長を務めており，80 の国と地域が加盟しています．アジア，アフリカ，アメリカ，ヨーロッパ，オセアニアに下部組織があり，2015 年からは国際オリンピック委員会 (IOC) および国際パラリンピック委員会 (IPC) の承認団体となっています．

(2) 日本フライングディスク協会 (JFDA：Japan Flying Disc Association)

　日本フライングディスク協会は，日本におけるフライングディスク競技の統括団体で，1975 年に「日本フリスビー協会」として誕生し，その後 1984 年に名称変更をして現在に至ります．各種の日本選手権大会や世界大会への選手派遣，記録や用具の公認，講習会の開催などの事業をおこなっています．

　設立当初は，輸入業者の関係で名古屋市に協会がありましたが，のちに東京へ移転して江橋慎四郎などが会長を務めました．現在は，師岡文男が第 7 代目の会長を務めており，全国 47 都道府県に協会があります．子どもからお年寄りまで幅広い年齢層の約 5000 人が会員登録しています．日本スポーツ協会や日本レクリエーション協会にも加盟しており，2014 年には日本オリンピック委員会 (JOC) に加盟しました．

2

2 フライングディスクの歴史

　1940年代後半にアメリカでパン屋のパイを焼く金属製のパイ皿（**写真1-1**）を投げて遊んだのが起源の一つであり，その後は皿状のプラスチック製玩具として発展してきました．フライングソーサーという商品名でスタートしましたが，パン屋の名前が「FRISBIE」ベーカリーであったことから，ワムオー社が商標を「FRISBEE」として大々的に販売され，多くの若者が遊ぶ用具として定着しました．日本においてもワムオー社の「フリスビー」が輸入され，広く普及したために商品名が巷で浸透している状況になっています．

　最初は，投げて遊ぶだけでしたが，次第にゲームとして発展していき，2名が向かい合って投げ合い，スローとキャッチを競う「GUTS（ガッツ）」という競技が生まれました．その後，様々なスローやキャッチをする「トリックスロー」と「トリックキャッチ」の完成度や難易度を競うフリースタイル競技も始まり，その後は遠投距離や正確性を競う競技，テニスやアメリカンフットボールに似た競技なども発生してきました．

写真1-1　パイの焼き皿

3 フライングディスクを利用して高められる能力

　体育やスポーツの指導には，様々な目的があります．第一は，楽しむことあるいは楽しめるようになるために技術を身に着けることです．フライングディ

スクを投げて，自分の思い通りの軌道を描くことができたら，それだけで楽しく爽快感を味わうことができます．また，最初はうまくできなかったことが，次第にできるようになると上達の楽しさを味わえます．その他にも様々な能力を向上させることができます．

　スポーツなどの運動をすることによって身体の様々な能力の向上が期待できます．そのなかでも「行動を起こす能力」「行動を持続する能力」「行動を調節する能力」の獲得を目指します．「行動を起こす能力」は，筋肉を動かす力を指し，物を持ち上げたり走ったり跳んだりする瞬発力を使います．「行動を持続する能力」は，筋肉の力を出し続ける筋持久力や全身持久力のことを指し，呼吸や血液の循環などによって酸素を運搬する能力が関係しています．「行動を調節する能力」は，動きを制御して手足などの身体の動きを調節する能力で，敏捷性・平衡性・巧緻性・柔軟性を指しています．

　フライングディスクを投げることにより，各種の筋肉を使うことになるので，筋力の向上につながります．また，より遠くへ飛ばすためには，瞬発力も必要になり，活動を継続するためには持久力も要求されます．特に巧緻性については，向かい合って投げ合うことでフライングディスクを扱うための「投能力」や「捕捉力」が鍛えられます．慣れてくると距離を長くしたり，スピードを速くしたりすることができ，「敏捷性」のトレーニングにもなります．さらに使い方によっては，バランス感やリズム感を向上させることもできます．競技によっては，空間認知能力や状況判断力が求められ，フリースタイル競技では，表現力や想像力，発想力が必要になります．

　また，一部の競技を除き，他者とディスクを投げあうことによって，相手に対して投げるという社会的相互作用が生まれ，相手のことを思いやる能力も向上することができます．

　1枚のディスクを集団で使うことにより，その集団内に共感が生まれ，共同体の意識が醸成することもあります．

　　フライングディスクを利用して高められる能力
　　　＊筋力
　　　＊瞬発力
　　　＊走力
　　　＊投能力

＊捕捉力

＊全身持久力

＊柔軟性

＊巧緻性

＊敏捷性

＊バランス感

＊リズム感

＊身体認識力

＊空間認知能力

＊状況判断能力

＊フェアプレイ

＊想像力

＊表現力

＊発想力

＊思いやり

＊コミュニケーション能力

表 1-1　フライングディスク指導のねらい

指導段階	課題（ねらい）	内容	種目
導入	運動する		
初心者	ディスクになれる 摑む 投げる 捕る	ガッツ	トリックキャッチ ドッジビー
中級者	ディスクのコントロール		ディスクゴルフ ディスタンス MTA SCF ディスカソン
上級者	遠投 対戦	パスをする	アルティメット

4 学習と指導の原則

　フライングディスクの技能を向上させるためには，いくつかの要素があります．ある程度のレベルまで達するために技能の習得が必要で，そのためには正しいフォームで反復することが求められます．フライングディスクを正確にコントロールするためには「回転」「角度」「方向」「推進力」が必要です．ディスクを投げることは競技によっては周りの状況を判断しながら対応するオープンスキルになりますが，基本的には自身の体と心の中で完結するクローズドスキルが求められます．

5 安 全 管 理

(1) 実施前
　他の運動やスポーツをする際と同様にフライングディスクの活動をする場合にも怪我をする可能性がありますが，指導をする上では安全面を考慮して事故やケガのないように管理する必要があります．

① 対象者の把握
　指導対象の性別・年齢・体格などによって筋力や敏捷性が異なります．対象者の体力レベル，健康状態，スポーツ歴，生活環境などを把握して学習内容を合わせるようにしましょう．

② 服装
　動きやすい服，運動靴を着用します．ネックレスやブレスレッドなどの装飾品は外し，靴紐の解けや衣服の乱れがないか常に確認しましょう．

③ フィールドの状況
　障害物の有無，地面の凸凹，広さ，高さ，風向きなどを確認し，条件に適した種目を選択しましょう．

④ 用具の状況
　ディスクの種類，コーン（マーカー），ライン，ストップウォッチ，メジャーなどを確認します．特にディスクは，対象者と学習内容に合わせて選択するこ

とが望まれます．低年齢児や筋力が低い人が対象の際は，小さいディスクや柔らかいディスクを使用し，運動が得意な青年の場合は，大きめのディスク（ウルトラスター等）を用います．

(2) 実施中

① 隊列の状況

　フライングディスクをする際に多い事故は，ディスクの衝突および人との衝突になります．ディスクを投げる方向を統一したり，人との距離を空けたりするように心がけましょう．また，風向きにも留意して投げる方向を調整しましょう．

② 対象者の特性

　低年齢児や高齢者の場合は，体力がない場合が多いので，できるだけこまめに休憩をとるようにしましょう．また，子どもの場合は，集中力を保つ時間が短いので，できるだけ飽きさせないようにプログラム内容を工夫しましょう．

③ プログラム

　体を動かす前には必ず準備体操をして，体を温めてからはじめます．普段使わない筋肉を使ったりするので，特に上半身の柔軟運動も念入りにおこなうようにしましょう．いきなり高度の運動量や技術レベルを求めるのではなく，運動量の少ない簡単なプログラムから始めていきます．ディスクを捕る必要がある場合は，まず初めに必ずキャッチの方法を教えるようにしましょう．

　また，終わりにもストレッチをするなどして，怪我の防止に努めます．

6 用具について

(1) ディスク

　フライングディスクは，金属製のパイ皿で遊ぶことから始まりましたが，安全性の高いプラスチック製の玩具として開発されてから急速に普及しました．1970年代は，ワムオー社の「フリスビー」が大半を占めていましたが，競技の分化や進化に伴って様々なタイプやメーカーがでてきました．競技種目によって適しているディスクが異なり，それぞれWFDFによって推奨されるディ

スクが定められています．例えばアルティメットであれば，ディスクラフト社製「ウルトラスター 170 g」，ガッツは WHAM-O 社「プロフェッショナル 115 g」，ディスクゴルフはイノバ社「エビア」や MVP 社「アトム」，ドッヂビーはミカサ社「DODGEBEE270」など，様々な種類があります．競技や対象者の特性に合わせて大きさや重さが適切なディスクを使うことが重要です．

(2) フィールド

　フライングディスクの醍醐味は，ディスクを投げることなので，ある程度の広さが必要です．ディスクゴルフやディスカソンなど，種目によっては障害物があったほうが楽しめますが，基本的に障害物のない平坦な場所でおこないます．体育館などの室内でも軽いディスクや柔らかいディスクで実施可能です．

　本書では，学校における指導を念頭におき，1 クラス 40 名としての形態を念頭においてまとめてあります．

指導隊形

　指導する際は，安全管理と指導の効率化を考えて，受講者を並ばせる必要があります．

　説明する際には，4 列横隊や自由隊形とし，指導者の声がよく聞こえるような配置にします．

コラム1：ディスクのタイプ1

　フライングディスクと言われて，ピンと来る人は残念ながら多くありません．一般的には商標名の「フリスビー」といった方がわかりやすいでしょう．また，「フリスビー」と言われて想像されるのは「犬」あるいは「犬がくわえる」ではないでしょうか．世間的には，犬の競技で使われるタイプのフライングディスクが通常の形と認識されています．しかし，実際にはボールと同じようにディスクもさまざまな大きさや重さがあります．ボールであれば，バレーボールやバスケットボール，ゴルフボール，野球ボール，ビーチボール，卓球ボール，ボウリングボールといった具合にいろいろな大きさや重さのタイプがあり，それらを使い分けて競技が成り立っています．バスケットのボールを使ってバレーボールをしたり，バレーのボールでサッカーをしたりすることもできますが，それぞれの専用ボールを使うのが一般的です．フライングディスクもディスクのタイプによっていろい

ろな競技がおこなわれています.

　最も特徴的なのは，ディスクゴルフ用のディスクで，飛距離やコントロール性を重視して作られているので，多くは薄くて重いものになります（写真1-2）．初心者がゴルフディスクをコントロールしてまっすぐに投げることは，ほぼ不可能です.

　初心者が扱いやすいのは，直径とリムが大きくて握りやすく，ある程度の重量があるディスクになります．アルティメットで使用されるウルトラスター（175 g）（写真1-3）は，飛行性能が安定しているので初心者でも比較的簡単にコントロールできます．ただ，小・中学生や女性，高齢者などの腕力のない人にとっては少し大きすぎて扱いづらいでしょう.

写真1-2　ディスクゴルフ用

写真1-3　ウルトラスター（右側）

　力がない人や大きいものを掴むのが困難な場合は，ウルトラスターよりも小さくて軽いタイプのディスクを使うことによって楽しむことができます（写真1-4）.

写真1-4　小さいディスク（左側）

写真1-5　ドッヂビー

2000年ごろから普及しはじめた「ドッヂビー」は柔らかいポリウレタンによって作られ

ていますので，従来のディスクに比べて摑みやすくて当たっても痛くないという特徴があります（写真1-5）．そのほか，指先や手のひらでディスクを回し続けて演技をするフリースタイル競技に使われるディスクもあります（写真1-6）．

写真 1-6-1　フリースタイル用（表）

写真 1-6-2　フリースタイル用（裏）

7 ディスクの種類と選び方

① 素材

プラスチック

　一般的なフライングディスクは，ポリカーボネートやポリプロピレンといった熱や圧力を加えて成型加工する合成樹脂（プラスチック）でできています．プラスチックのディスクは大きさや形が様々であり，耐久性もあり競技や幅広い対象に合わせて使用することができます（写真1-7）．

ポリウレタン

　ポリウレタンのディスクは，スポンジ状のポリマーをナイロン製の布で覆っているディスクで，柔らかいのが特徴です．人体にあたっても痛くなく，屋内での使用に向いています（写真1-5）．

写真 1-7　様々なディスク

そのほか，ゴムや布で作られた製品もあります．

写真 1-8-1　ゴムディスク

写真 1-8-2　布ディスク

② 対象者別推奨ディスク

小学校低学年や未就学児用

　① ドッジビー　230

　② Volley Soft Saucer

小学生　中高生女性

 ③ フリスビー FPA 25 cm　133 g

 ④ フリスビーファーストバック HDX　27 cm　170 g

 ⑤ フリスビー FB-6　23.5 cm　105 g

 ⑥ Flostbite 22 cm　115 g

中学生高校生　成人女性

 ⑦ GPA　プロフェッショナル 23.5 cm　115 g

 ⑧ DDC　23.5 cm　110 g

大学生　男性　成人男性

 ⑨ ウルトラスター 27 cm　170 g

  ゴルフディスク（ドライバー，アプローチ＆パット）

8　ディスクのつくり方

　市販のフライングディスクを購入するには，ある程度の金銭的な負担が生じます．そこで，身近なものを使って自作して活動することができます．自分のフライングディスクを作ることは，作ること自体を楽しむことができます．あまり軽いとうまく飛ばないので，ある程度の重さが必要です．単なる丸い板状の紙でも飛びますが，すぐに曲がってしまうので，空気の流れがディスクの上と下で変わるように下側をくりぬくことが安定する要素になります．

① 紙皿

　比較的簡単に安価で入手できるのが紙皿です．紙皿の底に円を描きます．円に沿ってカッターで切り抜きます．切っていない紙皿と向かい合わせにして外側をホッチキスやテープなどでとめます．2枚の紙皿のつなぎ目をテープで止めて完成です（**写真 1-9-1〜1-9-5**）．

写真 1-9-1

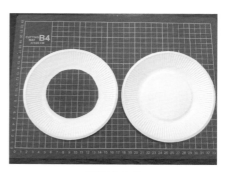
写真 1-9-2

写真 1-9-3

写真 1-9-4

写真 1-9-5

② 厚紙

　厚紙に同心円で直径 20 cm と 22 cm の円を描きます．外側の円に沿って切り抜きます．円周に沿って約 3 cm 間隔で切り込みを入れます．内側の円に沿って外側を折っていきます．一応，折っただけでも飛ばすことができますが，気になる場合は，折り曲げた部分をセロテープで止めていきます（**写真 1-10-1 ～1-10-5**）．

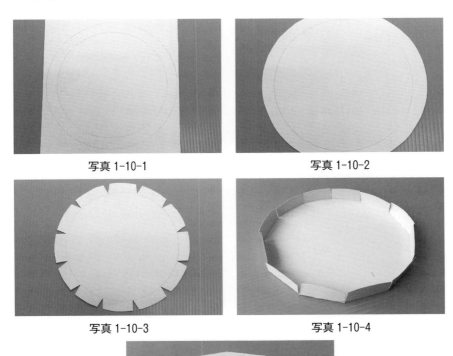

写真 1-10-1　　　　　　　　　　　写真 1-10-2

写真 1-10-3　　　　　　　　　　　写真 1-10-4

写真 1-10-5

③厚紙 ＋ 新聞紙

　半分にした新聞紙を約2cmぐらいの幅になるように4回折ります．両端を
ホッチキスやテープなどでつなげます．その上に厚紙を乗せて新聞紙と厚紙を
テープで留めて完成です（**写真1-11-1～1-11-11**）．

写真 1-11-1

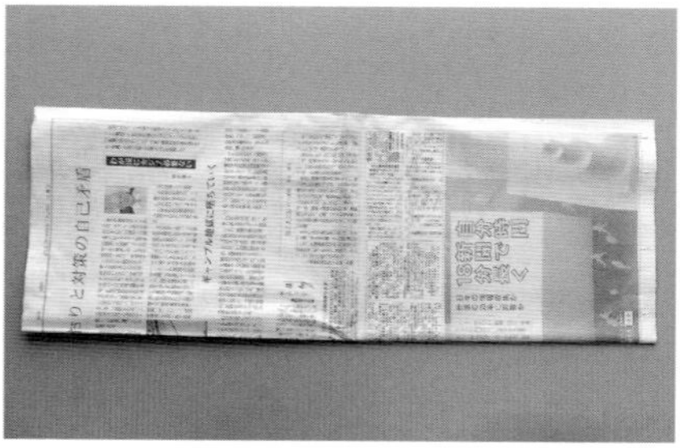

写真 1-11-2

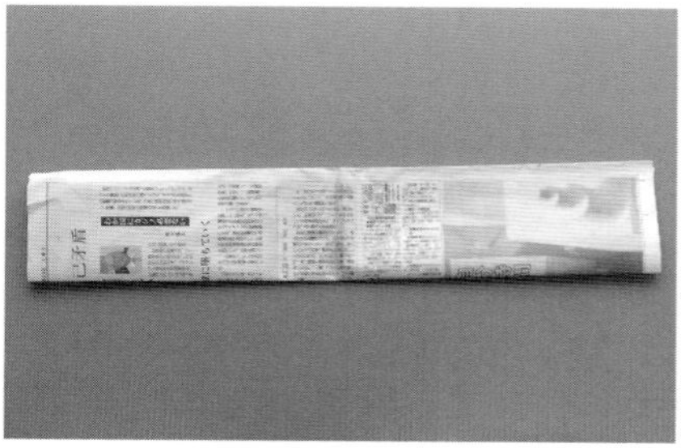

写真 1-11-3

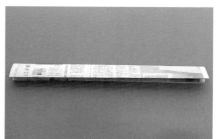

写真 1-11-4

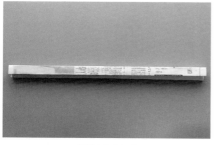

写真 1-11-5

写真 1-11-6

写真 1-11-7

写真 1-11-8

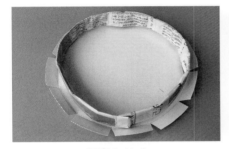

写真 1-11-9

写真 1-11-10

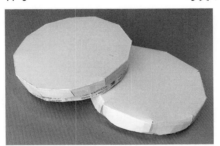

写真 1-11-11

④ 段ボール

　段ボールに約 20 cm の円を描き，その円に沿って切ります．その下にドーナツ状の段ボールを二つ重ねて張り付けて完成です（**写真 1-12-1～1-12-5**）．

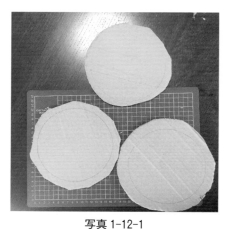

写真 1-12-1

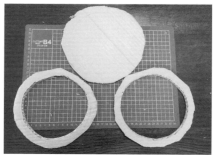

写真 1-12-2

写真 1-12-3

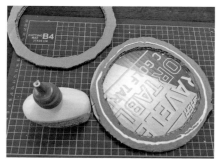

写真 1-12-4

写真 1-12-5

9 ディスクの購入

　玩具としてのフライングディスクは，ホームセンターなどでも購入できますが，スポーツタイプのディスクはなかなか市販されていないのが現状です．ドッヂビーはスポーツ店などでも市販されていますが，通常は，カタログなどで取り寄せてもらうのが一般的です．最近では，インターネットを利用して通信販売を利用することもできます．

フライングディスクを取り扱っているショップ

株式会社クラブジュニア

　〒124-0023 東京都葛飾区東新小岩 5-4-4

　電話：03-5654-7038

　E-MAIL：info@clubjr.com

　http://clubjr.com/

フライングディスクプロショップ　DD ジャム

　〒116-0013 東京都荒川区西日暮里 2-25-1

　電話：03-6316-0917

　E-MAIL：flyingdisc@ddjam.jp

　https://ddjam.jp/index.html

Herodisc

〒 358-0002 埼玉県入間市東町 1 丁目 2

04-2941-5460

E-MAIL：info@innova-hero.jp

https://innova-hero.jp/

ディスクスポーツ

〒 860-0088 熊本県熊本市北区津浦町 13-47

電話：096-312-1353

E-MAIL：info@discsports.co.jp

https://www.discsports.jp/

とやまフライングディスクストア

〒 939-0662 入善町下飯野新 312-1

電話：050-5273-3262

https://www.facebook.com/toyamaflyingdiscstore

E-MAIL：nippon_toyama-flyingdiscstore@yahoo.co.jp

Airman（エアーマン）

埼玉県入間市東町 1-2-6

04-2941-5460

https://www.facebook.com/Airman-870162009789771/

E-MAIL：airman@innova-hero.jp

Cozy Disc（コージーディスク）　ネットショップ

〒 121-0055 東京都足立区加平 1-8-15-205

電話：050-5883-1225

https://nonka.thebase.in/

実 技 指 導

1 スローの要素

　フライングディスクが飛行する際，様々な力学や要素が作用しています．最も大きな力は，「揚力」といい，飛行機の翼のように湾曲している物体が空気の力を受けることです（**図2-1**）．

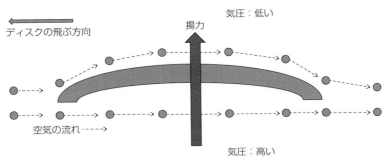

図2-1　揚力

　ディスクを投げると上部を通る空気と下部を通る空気に圧力の違いが発生し，圧力が高い下部から圧力の低い上部へ力が生まれます．その作用により，フライングディスクは，すぐに落下することなく飛んでいきます．

　ディスクを投げて飛ばす際，コントロールするために必要な要素が4つあります．スローの4要素で，① 回転，② 角度，③ 方向，④ 推進力です．それぞれ，1から4の順番で重要になってきます．

① 回転

　まず，スローの要素で最も重要なのがディスクに回転をかけることです．回転がないとディスクが安定せず，フラフラと揺れて真っすぐに飛ばすことがで

きません．これは，回転している物体に重力や摩擦力などの力が加わるとその力の直角方向に回転軸が動くという「ジャイロ効果」が作用するからです．同様の現象は，コマ回しと同じであり，回転数が少ない場合は，安定せずにすぐに倒れてしまいますが，回転数が多い場合は慣性の法則にしたがい，安定して回り続けます．

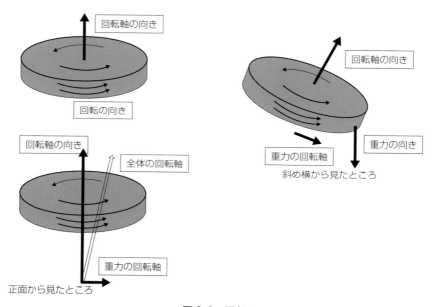

図 2-2　回転

② 角度

　次に重要なのが，ディスクの角度です．空中を移動していく際に空気の抵抗を受けることになるので，空気抵抗を受けながら推進力と重力，揚力，慣性力，転向力などが影響します．

　基本的にディスクは傾いた角度に沿って飛びます．右に傾いていれば右に曲がり，左に傾いていれば左に曲がっていきます．また，前方が上がっている場合には上方へ飛び，前方が下がっている場合には，下のほうへ飛んでいきます．

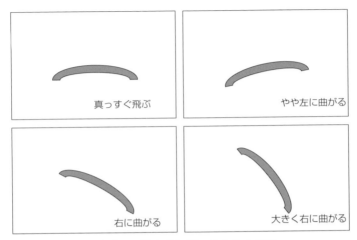

図 2-3-1　風向きとディスクの曲がり

　また，風向きによっても摩擦力や揚力が変化するので，風上に投げる場合と
風下に投げる際では飛び方が変わってきます．無風状態で真っすぐに投げる場
合には，地面とディスクを水平にしてリリースすることになります．

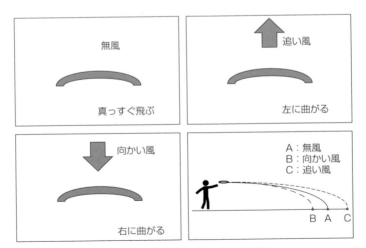

図 2-3-2　風向きとディスクの飛行

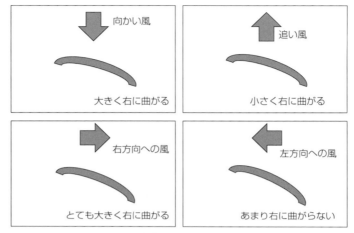

図 2-3-3　風向きとディスクの傾き1

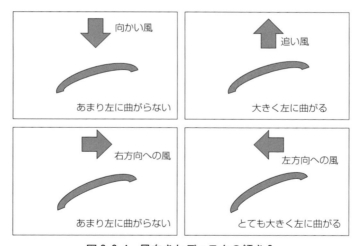

図 2-3-4　風向きとディスクの傾き2

③ 方向

　続いて大切な要素として，投げ出す角度を考慮に入れる必要があります．真っすぐストレートで投げる場合には，目標に対して直線的に投げます．右に曲

げる場合には，目標より左側にリリースする必要があり，左に曲げる場合には右に投げだすことになります．目標との方向のずれは，ディスクの傾きと相関があり，傾きが小さい場合は方向のずれも小さく，傾きが大きい場合は方向のズレも大きくなります．

図2-4　方向と傾き

④ 推進力

最後にディスクを飛ばす際に必要なのが推進力です．ディスクを飛ばすには，目標まで移動させる力が必要です．質量保存の法則，あるいは慣性の法則により，前方へ出されたエネルギーによって前方に移動することになります．推進力が大きい場合は，遠くまで飛び，推進力が小さい場合は，飛距離が短くなることになります．

推進力：小　　　　　　　推進力：中　　　　　　　推進力：大

図 2-5　推進力

2　基 本 技 術

(1) ディスクコントロール
持ち方・握り方（バックハンド）

　まず，最初にディスクの持ち方を説明します．受講者各自に 1 枚ずつか二人
で 1 枚を使用．指導者が説明をしながら見本を見せます．ディスクの上面に親
指が来るようにして握手をするように摑みます（**写真 2-1**）．人差し指はリム（デ
ィスクの縁）にそえて，中指・薬指・小指はリムの裏側を握ります（ベーシックグ
リップ）．指先だけでつまむ状態ではうまく回転がかけられないので，扇いで風

写真 2-1

を起こせるぐらいしっかりと握りましょう．二人組の場合は，うまく持てていることが確認できたら，もう一人にディスクを渡して体験させます．

　慣れてきたら人差し指もリムの裏側に引っ掛けて握ります（バークレーグリップ）（**写真 2-2**）．初心者の場合は，ベーシックグリップの方がコントロールしやすいでしょう．遠くに投げるときや慣れてきた場合にはバークレーグリップの方が回転をかけやすいので適しています．

写真 2-2-1

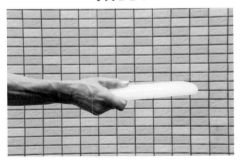

写真 2-2-2

手首のスナップを使う

　① 体の正面で地面に対して直角になるように持つ（**写真 2-3-1**）．
　② 上から下へディスクを下げる（**写真 2-3-2〜2-3-3**）．
　③ 手首を曲げてディスクを下に下げる（**写真 2-3-4**）．
　④ 手首を返して回転をつけながら上へ離す（**写真 2-3-5〜2-3-6**）．
　⑤ 落ちてくるディスクをキャッチする（**写真 2-3-7〜2-3-8**）．

写真 2-3-1

写真 2-3-2

写真 2-3-3

写真 2-3-4

写真 2-3-5

写真 2-3-6

写真 2-3-8

写真 2-3-7

ポイント

　下に降ろしたときの反動を利用して上に上げるようにする（作用と反作用を利用する）.

　できるだけ肘の角度を保ったままおこなう.

　支点は肩ではなく，肘であることを意識させる.

　ディスクに回転を与えることを意識しておこなうこと.

バリエーション

　① リリースしたあと，キャッチするまでに手をたたく.

　② できれば，拍手の回数を増やしていく.

　③ 離したあとキャッチするまでにその場で回る.

　④ 慣れてきたら片手でキャッチ　→　利き手　→　逆手　→ディスクの上を摑む.

(2) キャッチアンドスロー

キャッチについて

ディスクの指導の場合，スローを中心に教えることになりますが，最初にキャッチについて説明をします．特に決まった方法はなく，各個人の摑みやすい方法でキャッチすればよいですが，うまくつかめない場合は，怪我をする恐れがあるのでしっかりと説明をしておきます．特に顔の前に飛んできたディスクを挟もうとする場合，摑み損ねて顔に当たる場合があります．競技種目によっては，キャッチが大きな要素となるのでしっかりとできるようになることが望ましいでしょう．

① 基本は両手で挟む（サンドイッチ）（**写真 2-4**）
② 低い軌道の場合は，親指を上にして摑む（**写真 2-5**）
③ 高い場合は，親指を下にして摑む（**写真 2-6**）
④ 体から遠い場合は，片手で摑む（**写真 2-7**）

写真 2-4-1 　　　　　　　　　　　写真 2-4-2

写真 2-5-1　　　　　　　　　　　写真 2-5-2

写真 2-6-1　　　　　　　　　　　写真 2-6-2

写真 2-7

(3) 基礎技術バックハンドスロー

回転を中心に

二人組みになり，向かい合ってスローとキャッチを繰り返す．投げる距離は，ディスクの種類や対象者の年齢に合わせて調整しますが，一般的には 7 ～10 m前後が望ましい．

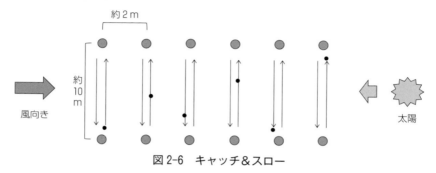

図2-6 キャッチ＆スロー

① 利き手側の足を半歩，前に出す．
② ディスクを持った手首を内側に曲げる．
③ 反動を利用して手首のスナップを使い，前方へ投げる．
④ 飛んできたディスクをキャッチする．

ポイント

しっかりと握っているか確認する．
手首のスナップを使ってディスクを回転させること．
リリース後の手を投げる方向へ向ける（手を背中の方へ回さないこと）．
肘を支点にすること（肩を支点にして投げない）．
飛行軌道は気にしないで回転のみを確認する．

注意点

＊投げる方向を一定にする．
＊風向きを考慮する．
＊近い距離でおこなう（遠いと余計な力が入る）．

写真 2-8

写真 2-9

角度調整

　スローの4要素（回転，角度，方向，推進力）の説明をして，角度がポイントであることを伝えます．ディスクは傾いた方向へ落ちていくことを教えます．

アンハイザー（右利きの人が投げて右に曲げる）

　① 投げる方向に向いて構える（右利きの場合は右足を前に出す）（**写真 2-10-1**）．

　② ディスクの角度を調整する．

　　肘を曲げて，鏡を見るように持つ（体から遠い部分が上に向くようにする）．

　③ そのまま肘を支点にして振りかぶる（**写真 2-10-2**）．

　④ 手首を意識して回転をかけてリリースする．

　　投げ出しの方向は，目標の左上．

　⑤ 投げた後に，手のひらが上に向いてリリース方向を指すように（**写真 2-10-6**）．

写真 2-10-1

写真 2-10-2

写真 2-10-3

写真 2-10-4

写真 2-10-5

写真 2-10-6

ハイザー（右利きの人が投げて左に曲げる）

　① 投げる方向に向いて構える（**写真 2-11-1**）.

　② ディスクの角度を調整する.

　　肘を伸ばして，股の前で持つ（体から遠い部分が下に向くようにする）（**写真 2-11-2**）.

　③ 肘を投げる方向へ引き出す（**写真 2-11-3**）.

　④ そのまま肘を支点にして腕を振る（**写真 2-11-4**）.

　⑤ 肘から引っ張り，手首を意識して回転をかけてリリースする.

　　投げ出しの方向は，目標の右上方.

　⑥ 投げた後に，手のひらが下に向いてリリース方向を指すように（**写真 2-11-5**）.

写真 2-11-1

写真 2-11-2

写真 2-11-3

写真 2-11-4

写真 2-11-5

写真 2-11-6

写真 2-11-7

写真 2-11-8

写真 2-11-9

バックハンド
右カーブ＝アンハイザー

バックハンド
左カーブ＝ハイザー

写真 2-11-10　ハイザーとアンハイザー

ストレート

① 投げる方向に向いて構える.

② ディスクの角度を調整する.

　肘を軽く曲げて，へその前で持つ（**写真2-12-1**）.

③ 手首を曲げながら後方へ振りかぶる（**写真2-12-2**）.

④ 腕を前方に移動させながら，手首を意識して回転をかけてリリースする.

　投げ出しの方向は，相手の胸.

⑤ 投げた後に，手のひらが垂直になり，リリース方向を指すように（**写真2-12-6**）.

写真2-12-1　　　　　　　　　　　写真2-12-2

写真 2-12-3

写真 2-12-4

写真 2-12-5

写真 2-12-6

ポイント

ディスクをコントロールすることを意識させる.

テイクバック（振りかぶり）の段階からリリースの時まで，ディスクの傾きを保つようにする.

手からディスクが離れたとき（リリース時）のディスクの傾きが大切.

ディスクの表や裏が見えないようにする．側面だけが見えるように投げる.

キャッチ

　スローが安定してきたら，ディスクをコントロールすることを意識して，相手の取りやすいスローを投げることをこころがけます．そのためにもキャッチの練習を通して，スローのコントロールをおこないます.

片手キャッチ

　まず，相手の取りやすいスピードや高さを意識して相手の胸をめがけてスローをします．投げられたディスクを片手でキャッチする．高めの場合は親指を下にして（写真2-13-1），低い場合は親指を上にします（写真2-13-2）.

バリエーション

① 利き手ではない手でキャッチ（写真2-13-3）

② ジャンプして片手キャッチ（写真2-13-4）

③ 片足でたって片手キャッチ（写真2-13-5）

④ 背面キャッチ（写真2-13-6）

⑤ 股下キャッチ（写真2-13-7）

⑥ フラミンゴキャッチ（写真2-13-8）

⑦ ガイティスキャッチ（写真2-13-9）

⑧ ジャンプしてガイティスキャッチ（写真2-13-10）

⑨ ドラゴンキャッチ（写真2-13-11）

写真 2-13-1

写真 2-13-2

写真 2-13-3

写真 2-13-4

写真 2-13-5

写真 2-13-6

写真 2-13-7

写真 2-13-8

写真 2-13-9

写真 2-13-10

写真 2-13-11

コラム2：スロー指導の隊形と風向き

　屋外の球技全般に言えることですが，球（ディスク）の飛び具合は，風の影響を強く受けます．風下に投げる場合は，抵抗が少なくなるので良く飛び，反対に風上に飛ばす場合は，風の抵抗によって飛びにくくなります．ですから，指導の際には風の強さや向きを考慮する必要があります．基本的に強風の場合は，熟練者でもコントロールが難しいので可能であれば，屋内を使用することが望ましいでしょう．屋外の場合は先にも書いたように風上へ投げることは難しいので，できるだけ横風になるように並ばせるのがポイントです．また，バックハンドスローとサイドアームスローでは，ストレートよりも右左のカーブを練習した方が，習熟が早いので，曲げる練習をするのですが，ディスクを曲げる際の風向きによって，難易度が変わってきます．右から風が吹いている場合，左へのカーブは簡単ですが，右へのカーブは難しくなります．また，風上へ投げる場合は曲げやすく，風下の場合は難しいです．ですから，二人組みで向かい合って投げている場合は，20本や5分などのある程度が経過したら，立ち位置を交代し風向きを変えて体験することをお勧めします．ストレートの場合も風上から投げる方が簡単なので，いろいろな風向きに投げることによって，ディスクが風の影響を受けやすいことを理解させることが大切です．

(4) 基礎技術サイドアームスロー

持ち方・握り方

　まず，最初にディスクの持ち方を説明します．受講者各自に1枚ずつか二人で1枚を使用します．

　指導者が説明をしながら見本を見せます．人差し指と中指でVサインをつくり，ディスクの裏側につけます（**写真2-14**）．親指がディスクの表に来るようにして3本の指でディスクを挟みます．中指と薬指の間にリム（ディスクの縁）が来るようにディスク（指）をずらします（**写真2-15**）（Vグリップ）．慣れてきたら人差し指も中指にくっつけてリムの裏側にあたるように握ります（寿司グリップ）（**写真2-16**）．初心者の場合は，Vグリップの方がディスクを持っているときに安定しやすくなります．遠くに投げるときや慣れてきた場合には寿司グリップの方が回転をかけやすいので適しています．

写真 2-14　サイドアームのグリップ

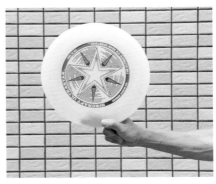

写真 2-15　サイドアームのグリップ（表）

写真 2-16-1　サイドアームのグリップ（横）

写真 2-16-2　サイドアームのグリップ（裏）

ポイント

　バックハンドスローと同様に手首で回転をかけることが重要になってくる．作用・反作用を利用して，手首の反動で回転をかける．できるだけ低い位置でリリースすることを心がけるとディスクの角度が水平を保ちやすい．支点は肩ではなく，肘であることを意識させる．「投げる」という意識ではなく，「回す」ことを意識して行うこと．

角度調整

　バックハンドスローの復習で，スローの4要因の再確認と角度がポイントであることを伝えます．ディスクは傾いた方向へ落ちていくことを教えます．

ハイザー

　① 投げる方向に向いて構える（右手で投げる場合は，左足が前）．
　② ディスクの角度を調整する．
　　　腰を折って脇をしめ，ディスクが低い位置になるように構える（**写真2-17**）．
　③ そのまま肘を支点にして振りかぶる．反動を利用して後方向にタメつくる．
　④ 肘を動かさないようにして腕を体の横まで戻してリリースする．
　　　投げ出しの方向は，目標の左上方．
　⑤ 投げた後に，手のひらが上に向いてリリース方向を指すように．

写真2-17　サイドアーム（ハイザー）

アンハイザー

① 投げる方向に向いて構える（**写真2-18**）（右手で投げる場合は，左足が前）．

② ディスクの角度を調整する．

　脇をしめ，ディスクが水平になるように構える．

③ そのまま肘を支点にして振りかぶる．反動を利用して後方向にタメつくる．

④ 肘を動かさないようにして腕を体の横まで戻してリリースする．

　投げ出しの方向は，目標の右上方．

⑤ 投げた後に，手のひらが下に向いてリリース方向を指すように．

写真2-18　サイドアーム（アンハイザー）

ストレート

① 投げる方向に向いて構える（右手で投げる場合は，左足が前）．

② ディスクの角度を調整する．

　脇をしめ，ディスクが水平よりやや下向きになるように構える．

③ そのまま肘を支点にして振りかぶる．反動を利用して後方向にタメつくる．

④ 肘を動かさないようにして腕を体の横まで戻してリリースする．

投げ出しの方向は，相手の胸．

⑤ 投げた後に，腕が体の前方に出ないようにとめる．

写真 2-19

ポイント

　　初心者は，どうしても野球のサイドスローのように腕をふってしまう傾向がある．
ポイントは，回転をかけることなので，コンパクトに振りかぶり，飛ばす方向の
反対へタメをつくってから反作用を利用する．バックハンドスローと同様に「投
げる」という意識ではなく，「回す」ことを意識して行うこと．最初は，力が入り
すぎて，うまくいかないので，力はそんなに必要ではないことを伝えるために「カ
タパルト」（写真 2-20）をみせて，回転の重要性を伝える．

低い位置から（写真 2-21）．

肘を持つ（写真 2-22）

ディスクや手をかざす（写真 2-23-1），ディスク（写真 2-23-2），手（写真 2-23-3）．

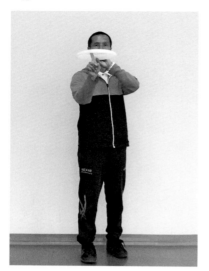

写真 2-20-1　カタパルト

写真 2-20-2

写真 2-20-3

写真 2-20-4

写真 2-20-5

写真 2-20-6

写真 2-20-7

写真 2-21

写真 2-22

写真 2-23-1

写真 2-23-2

写真 2-23-3

コラム 3 ：スロー指導のポイント

　先のコラムに書いたとおり，ディスクにはさまざまなタイプがあり，重さや大きさによって飛び方が異なります．また，風の影響を受けるので，対象者の年齢や筋力，その日の風力によって使用するディスクを変えることが望ましいでしょう．アルティメットの公認ディスクであるウルトラスターは，直進性に優れているので，初心者でもコントロールしやすいですが 175 ｇと重いので，女性や子どもが扱うには注意が必要です．スローのポイントは，ディスクをコントロールすることを身に着けることなので，最初はファーストバックタイプやガッツ用ディスク（GPA）などを用いて，左右のカーブ（角度の調整）を覚えさせることが重要です．スローを指導する場合，どうしてもストレートを最初に教える傾向がありますが，左右の傾きをなくすことによってストレートになるので，ずっとストレートを教えるよりは，カーブを教えた方が，上達が早くなります．また，風向きによっても投げ方が代わってくるので，隊形や投げる方向を変えて行うと早くコツがつかめます．

(5) 応用技術　その他スロー

カタパルト

　ディスクのリム前方に人差し指をかける（**写真2-20-1, 2**）．ディスクの後方を反対の手で持ち，人差し指で回転をかけながら前方へ離す（**写真2-20-5**）．

ローラースロー（バックハンドスロー，サイドアームスローのどちらでも可能）

① 投げる方向に向いて構える．

② ディスクの角度を調整する．

　ディスクの持っていないサイドを上げる（アンハイザー）角度を保つ．

③ そのまま肘を支点にして振りかぶる（**写真2-24-1**）．

④ 手首を意識して回転をかけてリリースする．

　投げ出し方向は目標に向かって真っすぐで，着地地点は目標との中間点にする．

⑤ 着地時のディスクは垂直よりもやや傾いているのが望ましい．

写真 2-24-1　バックハンドローラー

写真 2-24-2

写真 2-24-3

写真 2-24-4

写真 2-24-5

写真 2-24-6

写真 2-24-7　サイドアームローラー

写真 2-24-8

写真 2-24-9

写真 2-24-10

写真 2-24-11

写真 2-24-12

アップサイドダウンスロー

① 投げる方向に向いて構える（右手で投げる場合は，左足が前）．

② ディスクの角度を調整する（ディスクを裏にして約45度の角度）．
ディスクが頭の後方に位置するように構える（**写真2-25-1, 2, 2-26-1, 2**）．

③ そのまま肘を支点にして振りかぶる．反動を利用してリリースする．
投げ出しの方向は，目標の左上方．

④ 投げた後に，腕が真っすぐと伸びて，目標の上を指すように．

写真 2-25-1　サイドアームアップサイド

写真 2-25-2

写真 2-25-3

写真 2-25-4

写真 2-26-1　バックハンドアップサイド

写真 2-26-2

写真 2-26-3

写真 2-26-4

写真 2-26-5

オーバーハンドスロー

① 投げる方向に向いて構える（右利きの場合は左足を前に出す）．

② ディスクを裏返して握る（**写真** 2-27-1）．

　親指がリムにかかるように（**写真** 2-27-2）．

③ ディスクの角度を調整する．

　ディスクの外側が低くなるように（ハイザーアングル）（**写真** 2-27-5）．

④ そのまま手首を支点にして振りかぶる．

⑤ 手首を意識して回転をかけてリリースする．

写真 2-27-1　オーバーハンドグリップ

写真 2-27-2

写真 2-27-3　オーバーハンドスロー

写真 2-27-4

写真 2-27-5

写真 2-27-6

写真 2-27-7

サムフリップスロー

　① 投げる方向に向いて構える（右利きの場合は左足を前に出す）.
　② ディスクを裏返して（逆手に）握る（**写真 2-28-1**）.
　　　親指がリムにかかるように（**写真 2-28-2**）.
　③ ディスクの角度を調整する.
　　　ディスクの外側が低くなるように（ハイザーアングル）（**写真 2-28-6**）.
　④ そのまま肘を支点にして振りかぶる.
　⑤ 手首を意識して回転をかけてリリースする.
　⑥ 投げた後に手のひらが上に向いてリリース方向を指すように.

写真 2-28-1　サムフリップスロー

写真 2-28-2

写真 2-28-3

写真 2-28-4

写真 2-28-5

写真 2-28-6

写真 2-28-7

スキップスロー（バックハンドスロー，サイドアームスローのどちらでも可能）

① 投げる方向に向いて構える．

② ディスクの角度を調整する．

　ディスクの外側が低くなるように（ハイザーアングル）．

③ そのまま肘を支点にして振りかぶる（**写真 2-29-1**）．

④ 手首を意識して回転をかけてリリースする．

　投げ出し方向は目標に向かって真っすぐで，着地地点は目標との中間点にする．

⑤ 着地時のディスクは必ずハイザーアングルになっていること（**写真 2-29-4**）．

写真 2-29-1　スキップスロー

写真 2-29-2

写真 2-29-3

写真 2-29-4

写真 2-29-5

写真 2-29-6

写真 2-29-7

トリックスロー

　バックハンドスロー，サイドアームスロー，オーバーハンドスロー，サムフ
リップスロー以外にも例えば，ピンチスロー，ホバー，スクーバ，サンドイッ
チスロー，エアバウンススロー，プッシュスローなどの様々な投げ方がありま
す．また，それぞれの投げ方でも投げだす位置や体の使い方によって，様々な
スタイルで投げることができます．

　例えば，バックハンドスローを足の股下から投げたり，背中の後ろ側から投
げたり，オーバーハンドスローを首の後ろ側から投げたりすることができます.

写真 2-30-1

写真 2-30-2

写真 2-30-3

写真 2-30-4

写真 2-30-5

写真 2-30-6

（6）スローの修正方法

　ここでは，対面でのスロー＆キャッチ時にみられる症状について原因と処方をまとめています．

スロー全体
症状1：ディスクがふらつく（ゆれる）
　原因1：ディスクの回転不足．
　処方1：回転数を増やす．回転を意識させる．手首を使って回転をかけるようにする．
　原因2：握り（グリップ）が弱い．
　処方2：仰いで風ができるぐらいにしっかりと握る．

症状2：真っすぐ飛ばない
　原因1：リリース時の角度．
　処方1：リリース時に地面とディスクが平行になるようにする．

原因 2：風向き.

処方 2：風下に向かって投げる.

症状 3：飛距離が出ない

原因 1：推進力が足りない.

処方 1：腕を使って投げる. テイクバックからリリースまでディスクの軌道
を直線にする.

原因 2：リリースの角度が低い.

処方 2：もう少し上方へリリースする.

原因 3：リリースの角度が高い.

処方 3：ディスクが地面と平行になるようにリリースする.

症状 4：ディスクの速度が速すぎる

原因：推進力が大きすぎる. 振り切るのが大きい.

処方：腕の振りを小さくする.

症状 5：投げるディスクが上方に飛んで，相手が摑めない

原因：リリースの方向が上すぎる.

処方：相手の足元を狙って投げるようにする.

サイドアームスローの修正

症状 1：真っすぐ飛ばない（右利きの人が投げて左へ曲がる）

原因 1：リリース時にディスクの傾きが合っていない.

処方 1：ディスクが地面と平行になるようにできるだけ低い位置でリリース
する.

処方 1：指導者が手（ディスク）を差し出して，それに当たらないように投
げる（写真 2-23）.

原因 2：肩を支点にして腕を振って投げている.

処方 2：左手で右肘を固定して肘を支点にして投げてもらう.

コラム4：セルフジャッジ

　スポーツの歴史は古く，紀元前から古代オリンピック競技がおこなわれています．残念ながらその当時から勝利に対する不正などがあったことがわかっています．スポーツは，他者との競い合いの要素があるために勝敗や優劣の判断をすることが求められます．フライングディスク競技の場合も他者との競いあうことになりますが，基本的にセルフジャッジでおこなわれます．近代スポーツの発祥であるイギリスでは，パブリックスクールにおいてジェントルマン育成のツールとしてスポーツが利用されていました．勝つために卑怯なことをするのではなく，正々堂々と戦うことに重きが置かれていました．「グッド・ルーザー（偉大なる敗者）」という言葉が示すように，スポーツマンシップにのっとってプレーすることが大切です．ですから，自分に有利になるようにジャッジをするのではなく，公正に申告することが求められます．海外の試合などでは，不正とみられるようなプレーをした選手には，容赦なくブーイングが浴びせられ，卑怯なことを許さない雰囲気が作られています．アルティメットの競技では，審判がいないので，ゲーム中のもめごとは全て選手同士で解決するようになっています．また，世界大会や主要な国内大会においては，試合後に対戦相手のSOTG（Spirits Of The Game）スコアを算出し，大会を通してのポイントを集計して，ポイントの高かったチームを表彰しています．

(7) ドッヂビー

　楽しみながら技術を向上させるために，ゲーム的な要素を入れていきます．まず，初期段階に取り組みやすいのが「ドッヂビー」です．ルールは，ドッヂボールとほぼ同様で，ボールの代わりにポリウレタン製の柔らかいディスクを使用します．ドッヂボールのルールに準じてプレーが出来るために，説明が容易です．特に難しい技術もなく，バックハンドスローが出来ればゲームを楽しむことが出来ます．ドッヂボールと異なり，なかなか思うように投げることが出来ないので，かえって当てる面白さが増します．また，なかなか当たらないことにより，運動が苦手な人でも避ける楽しさを味わうことが出来ます．最初は1枚のディスクを使用しておこない，慣れてきたら同時に2枚を使ってゲームをすると運動量やスリルが増加します．バックハンドのアップサイドダウンスローは，肘に負担がかかりますので，ケガを防ぐために公式大会では反則とされています．

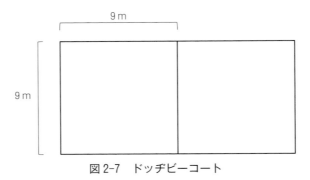

図2-7　ドッヂビーコート

写真2-31　ドッヂビー公式大会

ポイント

勝敗にこだわらないように注意する.

バックハンドのアップサイドダウンスローは，禁止する.

厳格なルールを適用せず，許容範囲の幅をもたせる.

初心者は，ディスクのコントロールが困難なので狙ったところに投げにくく，当たる確率が低いので，運動能力の低い人でも逃げるスリルを味わうことが出来る.

ドッヂボールの場合とことなり，首から上を含む体のどの部分に触れてもアウトとなる.

触れたかどうかのジャッジが自己判断しにくいため，審判が判定するのが望ましい.

運動量を確保するために同時に2枚のディスクを使うとよい.

3　応用技術

(1) ガッツ

片手キャッチ

　まず，復習を兼ねて二人組みで向かい合い，スロー＆キャッチの練習をします. 10mぐらい離れてスローが慣れてきたら，片手でキャッチをするようにします (**写真2-32**). スロースピードは，最初はゆっくりと行い，慣れてきたら徐々に速くしていきましょう.

写真2-32　片手キャッチ

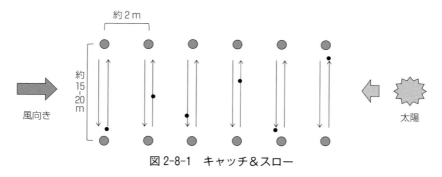

図 2-8-1　キャッチ＆スロー

ボブリング

　5人前後のグループで輪になり，1枚のディスクをキャッチする練習をします（**写真 2-33**）．一人が最初に輪の中でディスクを縦横に不規則回転させながら上に放り投げます．回転しているディスクをグループ全員で協力しながら，最終的に一人が片手でキャッチすることを目指します．各個人がディスクに触れる場合，一度に両手を使ってはいけません．片手であればキャッチするまで何度でも触れることが出来ます．

写真 2-33-1　ボブリング

写真 2-33-2　ボブリング

80

スピードスロー（ミドルスロー）

　短い距離で投げる場合，肘を固定してコントロールしますが，ある程度の距離を投げる場合は，ディスクにより多くの推進力を与える必要があります．投げる際，ディスクを引っ張る動作をおこなってリリースします．最終的には腰が支点になることを目指します．

　二人組で 15〜20 m 間隔で向かい合い，相手に向かって速いスローをおこない，キャッチは両手でおこないます．慣れてきたら片手で摑むことを試みます．

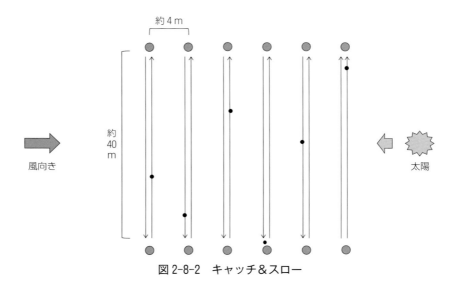

図 2-8-2　キャッチ＆スロー

写真 2-34-1

写真 2-34-2

写真 2-34-3

写真 2-34-4

写真 2-34-5

写真 2-34-6

ロングスロー

　できるだけ遠くに飛ばすように投げます．スピードスローと同様により多くの推進力が必要です．二人組になり約 40 m 間隔で向かい合い，相手に向かって投げます．その際，ディスクがあちこちに飛ぶと危険なので，投げる方向とタイミングを統一すること．初心者はどうしても腕を振り回すので，ディスクが右に傾いて落ちる傾向にあります．ですから，右利きの場合は左カーブスローを意識させ，リリース時の傾きが水平よりもハイザーアングルになるように注意します．

　ディスクの枚数に余裕がある場合は，風上側の同一ラインから風下方向へ向かって投げて，回収する作業を繰り返します．

ゲーム

　1 チームを 4 〜 5 人で構成します．約 10 m の間隔で両チームが向かい合って，スローとキャッチを繰り返します．最初は，投げる順番を決めておいて，全員が均等に投げるようにします．スローは，相手チームの手が届く範囲に 90 度以下の角度で投げられたグッドスローが有効になり，それ以外のスローは，

ミススローとして投げたチーム（攻撃側）の失点となります．キャッチは片手
でおこない，最終的にキャッチするか地面につくまでは，何度でも片手で触れ
ることは許されます（**写真2-35-3**）．しかし，同じ人が同時に体の2カ所でディ
スクに触れた場合は反則となり，投げられたチーム（守備側）の失点となります．
グッドスローとミススローの判断は，セルフジャッジでおこないますが，頭上
や体の側面は範囲の中か外かを判断しにくいので，守備側のチームは手が届か
ないことを証明するために，投げられたスローに対して手を伸ばし，届かない
ことをアピールする必要があります（**写真2-35-4**）．ガッツの正式競技は，1チ
ーム5人制で14 mの距離で対戦します．使用するディスクは「GPA プロッフ
ェショナル」で，21 点先取の3セットマッチです．両チームの得点合計が7
の倍数になった際にコートチェンジをします．

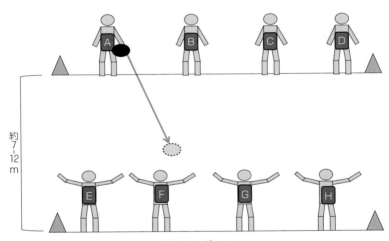

図2-9　ガッツ

写真 2-35-1　ガッツの様子

写真 2-35-2　投げられた後は移動しても良い

写真 2-35-3　はじいたディスクを摑みに行く

写真 2-35-4　範囲外のアピール

ポイント

　スローのコントロールとキャッチする能力の向上を目指す．使用ディスクは，はじめはドッヂビーディスクを使用して恐怖心を与えないようにする．ドッヂビーディスクがない場合は，小さくて軽いディスクを利用する．大きくて重いディスクしかない場合は，距離を長くして調節するとよい．

　得点を数えるのが大変なので，得点版と得点係を用意するとわかりやすい．

　風上が有利なので，点数やセットによってコートチェンジをするようにする．

　最初は投げる順番を決めて，全員が均等に投げられるようにしていく．また，守る側も位置によって飛んでくる確率が変わってくるので，たまにはポジションチェンジをする．あるいは，キャッチの強い人を真ん中や右側に位置し，キャッチの不得意な人を端にする戦略もある．守る位置をローテーションで変え，女性や運動が不得意な人は両手でのキャッチを認めるルールを設ける．人数が多い場合は，7人チームにして，5人をライン上に並べて残りの二人をラインの後ろに立たせて，2列目に守備として参加させる．

コラム5：ルールの機能

　遊びやスポーツには要素として，固有のルールがあります．ルールがないと競技としての秩序が保てなくなり，単なる運動になってしまいます．ですから競技として成り立つためには，ルールが不可欠であり，それを順守するのがSOTG（Spirit of the Game）の精神です．ルールの機能には① 法的安定性，② 正義に実現，③ 面白さの保証があります（守能 1984）．特に重要なのが，面白さの保証であり，面白さを保つためにルールを改良することが求められます．競技団体が公式大会で適用する正式ルールは，あくまでも競技者がプレーする水準で考えられていますので，初心者でも楽しめるようにルールを変えることが重要です．

---

(2) ディスタンス

　スローの飛距離を計測します．ディスタンスの正式競技は，3mの幅のエリアから，追い風の方向に2分30秒の間に5投します．講習（授業）では人数と時間の関係で投げる枚数を調整します．目安は2〜3投となります．ハンドボール投げやソフトボール投げの要領で，計測エリアに飛距離の目印を置いておくか，計測係りを配置して落下地点をメジャーで計測していきます．コーンを

5 m間隔に並べておいて，それを基準にして落下地点を目視して記録を判定すると計測がスムーズにできます．

写真 2-36-1 ディスタンスの様子

写真 2-36-2 ディスタンスのフォーム 1

88

写真 2-36-3　ディスタンスのフォーム 2

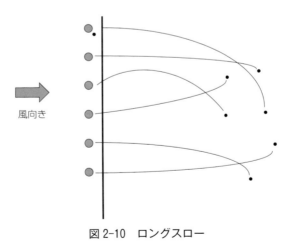

風向き

図 2-10　ロングスロー

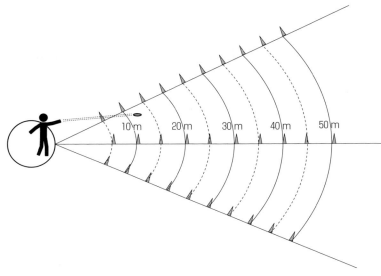

図2-11　ディスタンス

ポイント

　風向きによって飛距離が異なるので，できるだけ風下に投げるように設定するのが望ましい．使用するグラウンドや広場の関係で横風になる場合には，右から左の風向きにして測定する．また，投げる方向を決めていても飛んでいく方向がなかなか定まらないので，計測係の人は，どの方向に飛んでも目視できるように準備しておくこと．例えば，右利きの人が投げて，ディスクを離すのが早い場合は左側に飛んでいく．反対に離すのが遅くなった場合には右側に飛んでいくので，それぞれ左右に離れた着地点を計測していると時間がかかる．講習などでは，ストレート付近にエリアを設けて，その範囲内に飛んだスローだけを有効として計測するとスムーズに進む．

　ディスクによって飛行性能が異なるので，対象者にあったディスクを選択するのが望ましい．あまり力がない子どもであれば，軽いタイプを使い，力のある青年や大人であれば直進性の優れたディスクを使うとよい．

(3) アキュラシー

　正式な競技は，正面と左右斜め方向にある計7カ所の地点から4投ずつ，7分の間に1.5 m四方の枠内へディスクを投げ，入った枚数を競います．枠までの距離は，それぞれ13.5 m，22.5 m，31.5 m（正面のみ）となっています．専用の枠がない場合には，フラフープをつるしたりハンドボールゴールに紐やロープで枠を作ったり，大きめの段ボール箱などで代用できます．また，木と木の間にロープなどを使って枠を作ることもできます．初心者の場合は，距離を短くして実施するとよいでしょう．また，地面に線を引いて，枠を作ってその中を狙うこともできます．講習では一人が10投して何枚が枠内に入ったかを計測して得点化により競うこともできます．

　また，ストラックアウトの的を利用して正確性やポイントを競うこともでき，ディスクの枚数やターゲットまでの距離を変えて難易度を調節したり，個人戦や団体戦にして楽しむこともできます．

　全国障害者スポーツ大会の正式種目にもなっています．

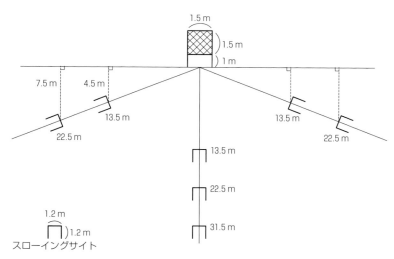

図2-12　アキュラシー

・アキュラシーゴール（左）
・障碍者用（右）

図 2-13　アキュラシーのゴール

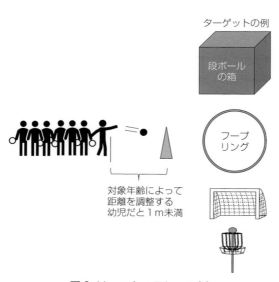

図 2-14　アキュラシーの例

写真 2-37-1　計測の様子

写真 2-37-2　フラフープのゴール

写真 2-37-3 自作のゴール
（出所）村山光義氏提供.

写真 2-37-4 障害者大会用ゴール

写真 2-37-5 アキュラシー記録会

写真 2-37-6　ストラックアウト

写真 2-37-7　自作のゴール

（出所）村山光義氏提供.

ポイント

　思っているより意外に枠内へ飛ばないので，初心者はできるだけ近い距離で行うほうが楽しめる．枠の大きさにもよるが，１ｍ四方の枠であれば５ｍの距離でも十分である．本来は，ゴールの枠を固定して，投げる７カ所のサイトも固定する．広い場所が取れない場合は，左右の角度で投げるときに，ゴールの角度を傾けて運営する．また，枠内を通過したかわかりにくい場合があるので，複数の計測係をつけてインとアウトの判断ができると望ましい．

コラム６：ディスクのタイプ２

オーバーステイブル　アンダーステイブル

　コラム１でも述べたように，ディスクの形状や大きさ，重さなどは多岐にわたっています．競技や対象者によって使用するディスクを合わせる必要があります．特に大切なのが，飛行特性です．同じディスクでも投げる人の体格や腕力によって飛び方が異なってきます．一般的に普及しているタイプのディスクの場合，初心者が右手のバックハンドスローで遠投をすると右方向へ曲がる軌道を描きます．このタイプのディスクを「アンダーステイブル（Understable）」といいます．障がい者大会で使用されるファーストバックモデルがこのタイプです．逆に右利きの人がバックハンドスローで投げて左方向への軌道を描くのが「オーバーステイブル（Overstable）」といいます．ほとんどの競技では，ゲーム中に同じタイプのディスクを使用するので意識することはありませんが，ディスクゴルフの場合は，１投ごとにディスクの種類を変えることができます．コースや目標に合わせてディスクを使い分け，異なる軌道を利用することになります．ですからディスクゴルフやディスタンスで使用されるディスクは，同じ大きさや同じ重さであっても飛行軌道が大きく違う場合があります．また，同じ種類のディスクであっても風上に投げる場合と風下に投げる場合では，飛び方が異なるし，使用していくうちに傷んでくるので飛行性能が変わってきます．通常は，「オーバーステイブル」のディスクが傷ついていくと「アンダーステイブル」の飛び方に変わります．

---

(4) SCF（MTA・TRC）

MTA（マキシマム・タイム・アロフト）

　投げたディスクの滞空時間を計測します．MTAの正式競技は，向かい風の方向に投げて片手で摑むまでの時間を計測します．授業では人数と広さの関係

写真 2-38-1　TRC のスロー

写真 2-38-2　TRC のキャッチ

で投げる枚数や投げる人数を調整します．目安は 4 人グループで 1 枚のディスクを使用し，1 投ずつ交代しながら順番に投げていきます．ある程度の広さがある場合は，グループごとに交代でストップウォッチを用いて計測していきます．あまり広さがないようなら指導者が代表して計測をします．狭い範囲で多くのディスクが入り乱れると人やディスクの衝突が起こるので，グループの間隔を 30 m 程度は確保することが望ましいでしょう．グループ間の間隔が広くとれない場合は，スローのタイミングをずらし，他のグループと同時に投げないように工夫しましょう．

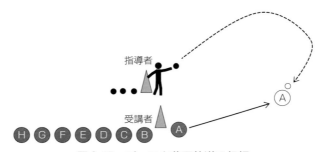

図 2-15　ディスク落下軌道の把握

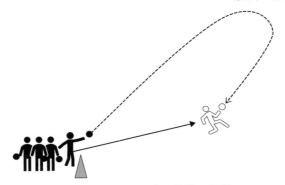

図 2-16　ディスク落下軌道の把握

TRC（スロー・ラン・アンド・キャッチ）

　スローしてからキャッチするまでの移動距離を計測します．TRC の正式競技は，直径 2 m の円内から，風上方向に向けて一定時間内に 5 投し，片手でキャッチした地点までの距離を測ります．授業では人数と広さの関係で投げる枚数や投げる人数を調整します．目安は 2 〜 3 投となります．計測する人は，投げて走る人の横に付いて走り，ディスクをつかんだ地点（最初に触れた地点）に目印をつけ，投げた地点から目印までの長さを計測します．

ポイント

　スローの方向と風向きを摑むことが重要になる．正式競技は片手でキャッチするが，初心者は両手でしっかりとキャッチするように心がける．小学生低学年や幼児であればタッチするだけでも十分である．

　風の強さに応じてディスクの角度をコントロールする必要がある．向かい風で上方にストレートで投げると，うまく条件が合った場合はディスクが投げた地点に戻ってくる．追い風の場合は，揚力が小さくなり滞空時間が短くなるのでキャッチが非常に困難である．また同じ風の向きでもディスクの角度によって落下点が異なるので，どの傾きであればどのあたりに落下するのかを理解することが上達のポイントになる．通常，初心者は投げたディスクが右に傾く場合が多いので，投げす際に腰を折ってハイザーアングルを保つように投げだすことを意識させると安定した飛行になる．また，なかなか落下地点をコントロールできないので，

前方に投げだして，落下地点まで走って行って摑むとよい．

(5) ディスクゴルフ

　総合的なスロー技術の精度を競う種目になります．通常のボールゴルフと同様にホール（ターゲット）に至るまでの数の少なさを競います．目標に向けてクラブでボールを打つ代わりにディスクを投げて進みます．正式な競技では，長短を織り交ぜた 18 ホールをまわり，その合計スコアを記録していきます．基本的には，各パーティーは 4 人とし，全パーティーがいずれかのホールから始めるショットガン方式でおこなわれます．40 人の場合は，1 組 4 人として，10 組を作り，コースも 10 コースを用意する．本格的に実施する場合には，専用のディスクを使用してドライバーやアプローチ，パットといった飛行距離や飛行特性の異なる数種類のディスクを使用します．初心者に指導する場合は，1 枚のディスクでプレーすることが望ましい．コースは，フィールドの障害物をうまく利用して，ドッグレッグのコースや OB エリアを設けて，戦略性に富むように設定します．

・ディスキャッチャー（左側）
・障碍者用（右側）

図 2-17　ディスクゴルフ　ゴール

写真 2-39-1　ゴルフのパット

写真 2-39-2　ディスクゴルフ大会の様子

写真 2-39-3　ディスクゴルフ大会の様子 2

写真 2-39-4　移動式のポータブルゴール

写真 2-39-5　自作のディスクゴルフゴール
（出所）村山光義氏提供.

ポイント

　ディスクをコントロールする能力の向上を目指す．初心者の場合は，コントロールが難しいので，出来るだけ短いホールを設定するようにする．また，ディスクによって飛行性能が異なるので，少しだけ重く感じる専用のディスクを使うと比較的にコントロールしやすくなる．専用のゴール（バスケット）がない場合は，段ボール箱を利用したり，ごみ箱やバケツに入れたり，大きめのコーンに当てるようにすることができる．木や鉄柱などをターゲットにしてもよいが，当ったかどうかの判断が難しくなる．障害物となるサッカーゴールやハンドボールゴール，防球ネットなどをコース上に設置することにより，難易度が高まる．また，グランド上に仮想の池をラインで作成するとよい．ロングホールを設定する場合には，風下方向にゴールを置くほうがよい．持ち運びができる移動可能なポータブルゴールがあれば簡単にコースが設定できる．

(6) ディスカソン

　スロー技術と走力が問われる競技になります．様々な障害がある約1kmのコースを2枚のディスクを交互に投げながら，いかに早くゴールするかを競います．正式の競技では，時間をずらしながら同じコースを4人一組でスタートしていきます．矢印で示した旗門を設置し，決められたコースをディスクが通過するように投げて進みます．コースの途中に2カ所程度のテストを設け，その結果によりペナルティを加えることもできます．学校のグラウンドであれば，コーンやサッカーゴール，鉄棒などでコースを作成し，石灰でラインを引くとよいでしょう．

　1枚のディスクを投げ，止まった地点まで走っていき，そのディスクのそばからもう1枚のディスクを投げます．投げたら落ちているディスクを拾って，投げたディスクのところまで走っていき，持っているディスクを投げる動作を繰り返して進んでいきます．1枚のディスクでプレーしても問題はありません．

写真 2-40　ディスカソンのスタート

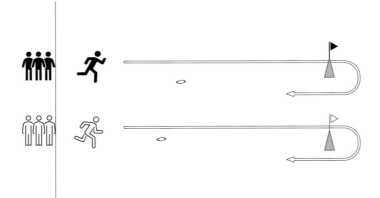

図 2-18-1　ディスカソン 1

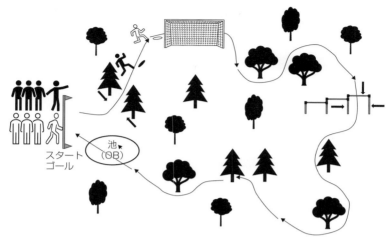

図 2-18-2 ディスカソン 2

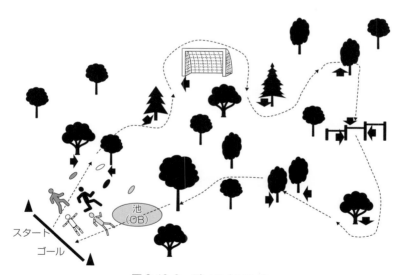

図 2-18-3 ディスカソン 3

ポイント

　ディスクをコントロールする能力と持久力の向上を目指す．初心者の場合は，コントロールが難しいので，出来るだけ難易度の低いコースを設定するようにする．また，体力レベルに合わせて距離を調節する．直線的なコースの場合は，体力レベルの高い人の方が有利になるので，出来るだけディスクの通過点がカーブするように設定する．そうすることにより，走力がなくてもスローの技術力でカバーできる．本来のコースはアップダウンがあり樹木などの障害物がある場所でおこなうが，鉄棒やジャングルジム，登り棒や雲梯などの遊具や朝礼台，ボールかご，バスケットゴールの支柱などの備品を使ってもよい．本来は，個人戦であるが，グループ対抗のリレーで順位を争うと盛り上がる．

コラム 7 ：スローの種類

　コラム1やコラム6で述べたように，ディスクのタイプは様々です．同じディスクでも風向きや投げ方によって飛び方が変わります．野球ボールで例えるとストレートやカーブ，シュート，フォークという感じです．ディスクの飛び方も右利きの人がバックハンドスローをした場合，大別すると同様にストレート（直線）とカーブ（右曲がり），シュート（左曲がり）の3種類になります．野球の場合は，腕の振りが同じでもボールの握り（グリップ）によって飛び方が変わりますが，ディスクの場合は握り方（グリップ）は変えず腕の振り方＝投げ方（角度）によって飛ばし方を変えます．右利きの人がバックハンドスローで左へ曲げる場合，握っている反対側のディスクエッジを水平よりも下げて投げます．反対に右へ曲げる場合は，ディスクの外側を水平よりも上げて離すようにします．ディスクゴルフの用語では，左に曲げる角度のことを「ハイザー（Hyzer）」と言い右に曲げる場合を「アンハイザー（Unhyzer）」と言います．アルティメットをしている人で「インサイ（ド）に（を）かける」という表現を聞くことがありますが，あくまでも「インサイド」は場所（エリア）のことなので適切ではないですね．

---

(7)　ダブル・ディスク・コート（D・D・C）

　対戦型の競技で相手との駆け引きを楽しむ競技です．通常，テニスのダブルスと同じような感じで，17 m離れた13 m四方のコートで二人組が対戦します．相手コートに入るようにディスクを投げ，コート内にディスクを静止させると得点になり，キャッチミスやスローミスは失点となります．ゲームの開始時は

じゃんけんなどでコートと先攻後攻を決め，開始後は得点を得たチームが先攻
となりプレーを開始する．自チームのスローが相手コートに入らず相手チーム
のスローを自陣で取れなかった場合やチームの二人が同時にディスクに触れた
り，一人が2枚のディスクに触れたりした場合は2点の失点になります．ゲー
ムの開始時に両チームが1枚ずつのディスクを持ち，先攻チームの『レディ，
ツー（2）・ワン（1）・スロー』の掛け声とともに「スロー」のコール時にディ
スクを同時に投げ，その後は先攻チームが先に投げていきます．どちらかの
ディスクがアウトオブプレーになった時点でそのポイントは終了し，次のポイ
ントへ進みます．正式の競技では，両チームの得点合計が5の倍数になった時
点でコートチェンジをしていき，15点先取や21点先取の3セット制で競いま
す．バックスピンをかけたスローや鋭角に落ちるスローは無効となります．投
げられたスローをキャッチしてコート外へ出た場合は，速やかに出た地点に戻
ってプレーを再開します．両チームのスローがコートに入らなかった場合は，
そのポイントは無効になり得点は入らずに，引き続き先攻チームが新たに始め
ます．

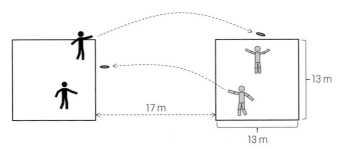

図2-19　ダブル・ディスク・コート（DDC）

写真 2-41-1　DDC の様子

写真 2-41-2　DDC のゲーム

ポイント

　ディスクのスローとキャッチの能力を高めることを目指す．対戦競技のために相手との駆け引きも出てくるために楽しむにはある程度の技術が必要になる．初心者であれば 17 m を投げるのが困難なので，コートの間隔を短くするとよい．子どもや運動の苦手な人がする場合は，少しコートを小さくしたり，人数を増やしたりするのも一つの方法である．

　まずは，20〜25 m ぐらいのスローが安定して投げられるように，二人で向かい合ってスローの練習をする．ある程度，届くようになると次の段階は，わざとカ

ーブスローを投げて滞空時間が長いスローを投げるように心がける.

　相手チームに2枚のディスクを触らせるために後攻のチームは，2投目以降の
スローをできる限り遅らせて投げ，相手が投げたディスクを素早く投げ返すこと
が求められる．また，先攻チームはできるだけ相手からの攻撃を避けるために，
ディスクを持っている人をめがけて投げることやコートの空いている場所を狙う
ようにする．初心者の場合は，駆け引きをする余裕がなくてすぐに投げ返してし
まうが，お互いに楽しめている場合は問題ない．5点先取や10分ぐらいで時間を
区切って，ゲーム数を多くするとよい.

(8) アルティメット

　ディスクを使った「究極」のゲームになります．走って，捕って，投げる，
総合的な技術が求められます．総合的な技術がなくても楽しめますが，やはり
スローとキャッチが出来るようになってから取り組むべき種目です.

写真 2-42-1　アルティメット（世界大会）

写真 2-42-2　アルティメット（地方大会）

練習プログラム

(1) ツーメン（ランニングパス）

　バスケットボールの二線（ツーメンパス）と同様に二人一組で1枚のディスクをパスしていきます．二人の間隔は5～7mとし，年齢や風の強さなどを考慮して調節します．ディスクを持っている人は，軸足を動かせないのでバスケットボールのように走りながらパスはせず，パスを受け取った人は速やかに停止して軸足を固定してパスを返します．パスをもらう人は，前方に移動しているので，パスを投げる人は受け手の前方へディスクを投げるようにしましょう．スタートからゴールまでの距離は，グラウンドの広さによって変わってきますが，30～50mぐらいとし，できるだけ多くのパス交換をするように心がけましょう．

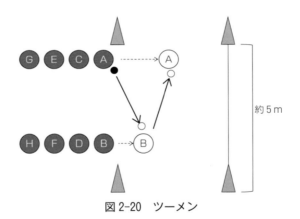

図2-20　ツーメン

ポイント

　意識することは，移動している受け手に正確にディスクを投げることであり，適度に前方へディスクを飛ばす．ゴールまでの早さを意識せず，丁寧にディスクを落とさないようにパスをすることを心掛ける．慣れてきたら5mにつき1回以上パスをすることを課題としてゴールまでに合計10回以上のパスを成功させることに挑戦する．また，ゴールまでディスクを落とさないことを課題として，ディスクが落ちた場合はスタート支点に戻ってゴールを目指すのも面白い．ただし，時間に限りがあるのとどうしてもできない場合があるので，その場合は，ラスト

　1回のチャレンジとして，落ちた場合でもそのままゴールラインまで進めて終了
とする．

（2）ストレートヘッズ

　走ってくるレシーバーに投げる練習と走りながらディスクを摑む練習です．
向かい合って1列に並び，ディスクを持った先頭の人が反対側から走ってくる
人にディスクを投げます．ディスクを持っていないレシーバーの人は，ディス
クを投げる人に向かって走っていき，投げられたスローをキャッチします．ディ
スクを投げた人は，反対側へ向かってレシーバーとなって走ります．ディス
クを取った人は，投げられた側の列の最後尾に並びます．

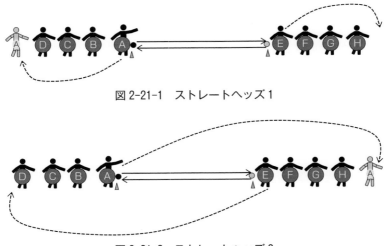

図2-21-1　ストレートヘッズ1

図2-21-2　ストレートヘッズ2

写真 2-42-3　アルティメット（ビーチ大会）

　スローが左右にズレるとレシーバーがキャッチしにくかったり触れられない状況になるので，走ってくる人に対してまっすぐに投げる．できれば，取りやすいように胸元の高さに投げる．レシーバーの人は，ディスクを取るときに足が止まらないようにディスクに向かって走っていく．

(3) オープンヘッズ

　走っているレシーバーにパスを投げる練習と走りながらディスクを摑む練習です．向かい合って 1 列に並び，ディスクを持った先頭の人が反対側からオープンサイドに走る人にディスクを投げます．ディスクを持っていないレシーバーの人は，ディスクを投げる人のオープンサイドへ走っていき，投げられたスローをキャッチします．ディスクを投げた人は，反対側へ向かってレシーバーとなって走ります．ディスクを取った人は，投げられた側の列の最後尾に並びます．

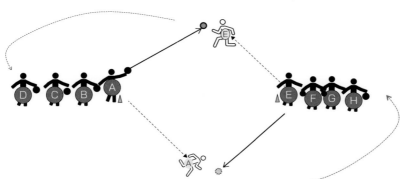

図 2-22　オープンヘッズ

ポイント

　スローワーはレシーバーが走りながらキャッチできるように走っていく前方に
パスを投げる．ディスクの角度は，レシーバーが取りやすいようにアンハイザー
とする．慣れてきたら，スローワーにマーカーをつけておこなう．

(4) オープンパスドリル

　味方からのパスを取ってから素早く振り向いて，移動している違う味方へパ
スをする練習です．パスの方向が変わるので，風向きや高さを考慮してディス
クを投げます．

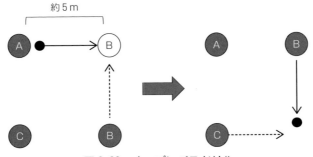

図 2-23　オープンパスドリル

ポイント

　レシーバーが走るスペースへパスを投げる．レシーバーの速度や走力に合わせて前方に投げることを意識させる．レシーバーはキャッチしたら終わりではなく，キャッチしてから速やかに振り向いて別のレシーバーにパスをするようにする．レシーバーは，パスをもらいたいスペースを空けておいて，スローワーが準備できてから走り始める．最初はオープンサイドのスローをして，慣れてくるとインサイドのスローに切り替える．インサイドスローを投げる際には，レシーバーは走るタイミングを遅らせてスローワーはオープンサイドにスローフェイントを入れてから投げる．

(5) 45度ミート

　より試合を想定した基本的なスローとキャッチの練習です．レシーバーは，スローワーがディスクを持ったらエンドゾーンに走る動きをしてからカットバック（切り返し）をしてスローワー側へ45度の角度で向かっていきます．スローワーは，レシーバーの走りに合わせて，ロングシュートのフェイントをしてから走ってくるスローワーに向かってパスを投げます．レシーバーはカットバックをしっかりとするのとディスクをキャッチする際に走るスピードを緩めないように意識します．スローワーは，シュートフェイントの後，速やかにマーカーにブロックされないようにレシーバーの前に投げることを意識します．

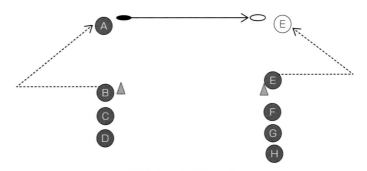

図2-24　45度ミート

(6) ラダードリル

　味方からパスをもらってから速やかに別の味方へパスをする練習です．最初
の人A（QB）が走っている人Bの前方へパスをして，走ってきた人がディスク
をつかんだら振り向いて前方の味方Cへパスを投げます．攻撃方向へ向かって
ディスクを進めることを目的としたプログラムです．

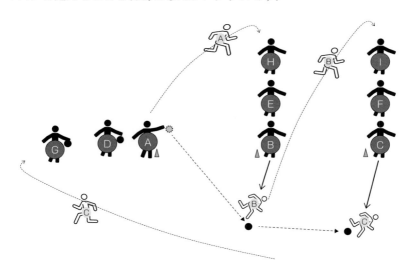

図 2-25　ラダードリル

ポイント

　動いている人へパスすることとパスを取ってから速やかにパスをすることを心
掛ける．風向きによってスローの難易度が異なるので，最初は追い風になるよう
にして，慣れてきたら向かい風でするとよい．

(7) ロングシュート

　長い距離のパスをつなげる練習です．レシーバーが走っている前方へスロー
ワーがディスクを投げます．投げられたディスクをレシーバーが走って行って
キャッチします．

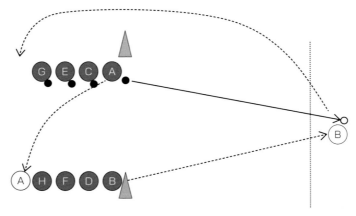

図 2-26　ロングパス（シュート）

ポイント

　技能習得のポイントは，走る距離と投げる距離を調節する．レシーバーがスローワーから遠いとパスがつながらないので，あまり遠いところからスタートしない．逆にレシーバーがスローワーの近くにいる場合は，走る距離が長くなるので，ある程度の距離をとったところからレシーバーが走り出す．追い風で投げるとパスが長く飛ぶので，長い距離でよいが，向かい風の場合はディスクがあまり飛ばないので，短めの距離でおこなう．

（8）ストーリング

　三人組となり，ディスクを持っている人（スローワー）に対してマーカーがディフェンス（ストーリング）をします．1から10まで1秒間隔でストーリングカウントをおこない，レシーバーにパスを出されないようにします．オフェンスの二人は，ディフェンスにブロックされないようにピボットをしてパスを交換する．ただし，頭上を浮かせるロビングパスやカーブスローは禁止とします．

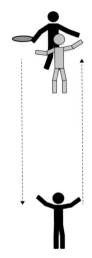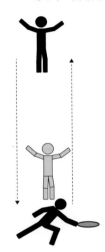

図2-27 ストーリング

(9) サークルドリル（パス回し）

　6人組か7人組になり，ディフェンスを二人とその他のオフェンスを決めます．オフェンスの4人（5人）は5m間隔の四角形（五角形）を作ってお互いにパスを出します．ディフェンスは，一人がマーカーをして，もう一人が残りのレシーバーへのパスを防ぎます．パスがつながらなかったらディフェンスと交代します．

図 2-28　サークルドリル

ポイント

　マーカーは，サイドアップかバックアップとしてスローワーがパスを出すコースを限定する．限定されたパスを残りのディフェンスが防ぐように役割分担をする．外側のオフェンスは，ディフェンスに邪魔されないようにスローフェイントを使ってパスを通すことを心がける．

（10）　2 対 1

　レシーバーがパスをもらう練習です．スローワーがディスクを持ち，手前か奥に投げられる状態にして，レシーバーはディフェンスを振り切ってパスをもらいます．

図2-29　2対1

ポイント

　レシーバーは横に走るのではなく，コートの手前か奥に走ることによってディフェンスされにくいコースとなる．スローワーは抜けているレシーバーにパスを通す練習となります．ある程度のロングスローが投げられないとディフェンスが有利になる．

（11）　2対2

　スローワーに対してマーカーがついて，スローのコースを限定します．レシーバーはディフェンスを振り切ってスローワーからのパスをもらう練習をします．オフェンスはパスをつなげ，ディフェンスはパスを防ぐ練習をします．

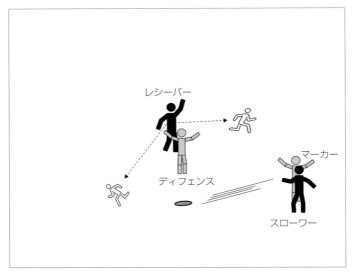

図 2-30　2 対 2

　　スローワーがバックハンドスローとサイドアームスローのどちらからでもパス
が投げられるようにする．また，投げるエリアもオープンサイドだけではなくイ
ンサイドエリアや裏側のエリアにもスローを投げられるようにする．ディフェン
スは，お互いに声を出し合ってパスのコースを限定し，パスを防ぐようにする．

（12）導入ゲーム：ポートディスク

　　ポートボールの要領でチームのゴールの人（ゴールマン）を決めて，その人が
ゴールエリア内でキャッチをすると 1 点とします．守備側のプレーヤーはゴー
ルエリアに入らないようにします．

図 2-31　ポートディスク

コラム 8 ：世界記録と日本記録

　ディスク競技には個人種目と団体種目があり，世界選手権や日本選手権が毎年，開催されています．個人競技は，ディスタンスや SCF（セルフ・コート・フライト），アキュラシーといった記録を競う種目があり，それぞれで世界記録や日本記録が認定されています．2022 年現在，ディスタンスの世界記録は 338 m（女性：173.3 m）となっており，人間が投げる物体で最も遠くまで飛んでいます．日本記録は男性 178.03 m，女性 146.53 m です．年齢や性別によって記録が認定されており，95 歳以上女性や 17 歳以下女性の世界記録は日本人が保有しています．アキュラシーは 28 投のうち，19 投が世界記録となっており，いまだにパーフェクトを達成した人がいない状況です．日本記録や都道府県記録も認定できるので，ぜひ自分の記録を測定し，記録の向上に挑戦してみてはいかがでしょうか．

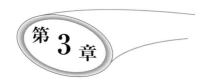

第3章

指導の実際

1 プログラム別の目標

① ディスクを持つ（扱う）ことができる.

② ディスクを投げることができる.

③ 相手や目標に向かってディスクを投げる.

④ 飛んできたディスクを受けることができる.

⑤ 5 m先の的に向かってディスクを投げる.

⑥ 簡単なルールで試合をする.

⑦ ルールにしたがって試合をする.

2 ディスク遊び

① ウチワとしてあおぐ.

② 手のひらに乗せる（上向き）.

③ 手のひらに乗せる（下向き）.

④ 乗せたまま回る.

⑤ 乗せたまま移動.

⑥ 利き手から反対の手に浮かせて持ちかえる.

⑦ リムに指をかけて回す.

⑧ 手のひらでディスクを立てる.

⑨ 手のひらに乗せた状態から上空に上げて両手で摑む.

⑩ 手のひらに乗せた状態から上空に上げて片手で摑む.

⑪ 手のひらに乗せた状態から上空に上げて逆手で摑む.

⑫ 手のひらに乗せた状態から上空に投げて手に乗せる.

⑬ 手のひらに乗せた状態から上空に投げて1回転させて両手で摑む.

⑭ 手のひらに乗せた状態から上空に投げて1回転させて手に乗せる.

⑮ 頭の上に乗せる（上向き）.

⑯ 頭の上に乗せる（下向き）.

⑰ 手で投げて頭に乗せる.

⑱ つま先に乗せる.

⑲ 太ももに乗せる.

⑳ つま先に乗せた状態から上空に投げて両手で摑む.

㉑ 太ももに乗せた状態から上空に投げて両手で摑む.

㉒ 胸の前で離して反対の手で足の間で摑む（手と足の組み合わせ4種類）.

㉓ 胸の前で離して同じ手で足の間で摑む（手と足の組み合わせ4種類）.

㉔ 体の横で離して反対の手で背面キャッチ.

㉕ 体の横で離して同じ手で背面キャッチ.

3 プログラム例

① 参加者を1列に並ばせる.

② 全員が1枚のディスクを持つ.

③ 決まった位置からターゲットに目がけて投げる.

④ 投げた後ディスクを回収して列の後方へ.

⑤ ターゲットは，大きめコーン．学年によってはフラフープ.

⑥ ターゲットの距離を遠くしていく.

対象年齢によって
距離を調整する
幼児だと1m未満

図3-1　ターゲット当て

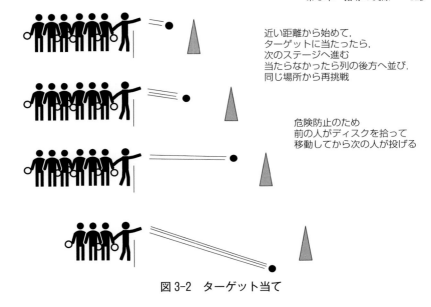

近い距離から始めて,
ターゲットに当たったら,
次のステージへ進む
当たらなかったら列の後方へ並び,
同じ場所から再挑戦

危険防止のため
前の人がディスクを拾って
移動してから次の人が投げる

図 3-2　ターゲット当て

4 キャッチアンドスロー

　二人組で向かい合って投げ合う.

バックハンドスロー

　　① 指定なし（回数や時間で区切る）

　　② ハイザー

　　③ アンハイザー

　　④ ストレート

　　⑤ 落とさないように連続で○○回

　　⑥ 片手でキャッチ

　　⑦ トリックキャッチ

サイドアームスロー

　　① 指定なし（回数や時間で区切る）

　　② ハイザー

③ アンハイザー

④ ストレート

⑤ 落とさないように連続で〇〇回

トリックキャッチ

① 足の下レッグス A–D（**写真 3-1-1〜4**）

② フラミンゴ

③ ガイティス

④ 背面キャッチ

⑤ ドラゴン

写真 3-1-1　レッグス A

写真 3-1-2　レッグス B

写真 3-1-3　レッグス C

写真 3-1-4　レッグス D

126

5 指 導 例

(1) 指導例1　幼稚園・保育園での指導

対象：幼児 30 人

目標：ディスクを使って楽しく体を動かす「ディスク遊び」

時間：40 分

場所：室内　遊戯ホール

用具：ドッヂビー 200 × 30 枚，ドッヂビー 235 × 4 枚，コーン 6 本，ディスゲッター 9 × 3 個

プログラム

① ディスク掴み遊び（10分）

二人で 1 枚のドッヂビーを使い，プログラム例のディスク遊びをする．最初の子どもが課題を達成したらペアの子どもにディスクを渡すようにする．もしくは，時間や回数を決めておき，子どもが交互でディスクを触るようにする．使用ディスクはドッヂビー 200．

② ディスク運び（10分）

クラスやグループに分かれ，縦に並ぶ．列の 5 m 前方にマーカーを置き，そのコーンを回ってくる．いきなり走ると危険なので，最初は走れないように手のひらに乗せて歩かせるようにする（走るとディスクが落ちやすいため）．ディスクを反対の手に乗せたり，頭の上に乗せたり，ディスクの向きを変えたりして保持のバリエーションを変えて，数回おこなう．慣れてくると二人組で 1 枚のディスクを保持して協力してコーンを回らせるようにする．時間があれば，バトン代わりにディスクを使用してグループ対抗のリレーをする．

③ キャッチ（10分）

園児を 1 列に並ばせる．先頭の子どもに向かって指導者が軽く投げて，子どもが両手でキャッチする．使用ディスクはドッヂビー 235．捕った子どもは，指導者にディスクを手渡しで返して，列の後ろに回って次の子どもが挑戦する．短い距離なので，子どもは投げて返してもよいが，次の子どもへの対応が遅れるので，最初は手渡しで返してもらうのが無難である．

④ アキュラシー（ディスゲッター9）（10分）

　子どもたちを3グループに分けて，1グループでディスゲッターを楽しむ．距離はごく近くでおこない，できるだけターゲットに当たりやすくする．一人で1枚を持って投げさせる．ターゲットの前にコーンを置いて，投げる位置を決めて，列の先頭の子どもから投げさせる．投げた子は，別の場所へ移動させて座らせるか，列の後方に並ばせる．

ポイント

　幼児は腕力がなく，敏捷性も低いため，投げることにこだわらず，ディスクを使って遊ぶようにする．柔らかいウレタンディスクを使用することによって，恐怖感をなくす．上手くできている子どもだけでなく，失敗している子どもに対しても，積極的に声をかける．

① 全員がディスクを持つと収拾がつかなくなるので，二人一組で1枚を使うようにする．場所の関係で危ない場合には，三人一組でもよい．

② 最初は競争ではなく，順番に挑戦する程度でよい．
　慣れてきたら他のグループと競うようにする．

③ ディスゲッターがない場合には，フラフープや段ボールで代用できる．みんなで協力して全部の的に当たるまで繰り返し，的に当たった枚数を他のグループと競っても良い．

(2) 指導例2　小学校低学年への指導

　対象：小学校1〜3年生30人
　時間：60分
　目標：ディスクに慣れる「ドッヂビー」
　場所：体育館（バスケットボールコート1面）
　用具：ドッヂビー200あるいは235×15枚，ファーストバック×30枚，コーン6本

プログラム

① ディスク摑み遊び（5分）

　二人で1枚のドッヂビーを使い，プログラム例のディスク遊びをする．最初の子どもが課題を達成したらペアの子どもにディスクを渡すようにする．もし

くは，時間や回数を決めておき，子どもが交互でディスクを触るようにする．使用ディスクはドッヂビー 200．

② キャッチアンドスロー（30分）

二人組で向かい合ってディスクを投げ合う．最初は自由に投げてもらい，徐々に投げ方や捕り方の課題を提示していく．
バックハンドスロー　左右カーブ　ストレート　片手キャッチ　連続10回成功　股下キャッチ

③ ドッヂビー（25分）

2チームに分けてドッヂビーの対戦をする．ディスクは1枚で始める．なかなか当たらないのでコートのサイズはバドミントンコートぐらいに小さくする．意外と運動量が多いので3分とか5分で一区切りとする．

ポイント

小学校低学年も腕力がなく，敏捷性も低いため，あまり投げることにこだわらず，ディスクを使って遊ぶように心がける．キャッチのしやすいウレタンディスクや軽いディスクを使用することによって，恐怖感をなくす．

① 全員がディスクを持つと収拾がつかなくなるので，二人一組で1枚を使うようにする．

② 投げる向きを統一する．あまり遠すぎると危険なので，最初は5mぐらいの距離で始める．できれば隣との間隔を1.5m以上，空けることが望ましい．

③ ドッヂビーは厳密には競技規則があるが，ローカルルールで実施していく．例えば，味方への手渡しOKや首より上のヒットはセーフ，投げる際のラインクロスは目をつむるなど．

（3）指導例3　小学校中学年への指導

対象：小学校3年生40人

時間：60分

目標：ディスクを使って体を動かす「ディスカソン」

場所：グラウンド

用具：ファーストバック×20枚，コーン6本，ストップウォッチ

プログラム

準備運動・ストレッチ（5分）

① ディスク摑み遊び（5分）

　二人で1枚のドッヂビーを使い，プログラム例のディスク遊びをする．最初の子どもが課題を達成したらペアの子どもにディスクを渡すようにする．もしくは，時間や回数を決めておき，子どもが交互でディスクを触るようにする．使用ディスクはファーストバック．

② キャッチアンドスロー（10分）

　二人組で向かい合ってディスクを投げ合う．最初は自由に投げてもらい，徐々に投げ方や捕り方の課題を提示していく．

バックハンドスロー　左右カーブ　ストレート　片手キャッチ　連続10回
バックハンドローラースロー　サイドローラー

③ ツーメン（10分）

　二人組でパスをしながら目標地点までディスクを落とさないように移動する．ディスクを持っているものは軸足を固定してスローをして，ディスクを持っていないものは，前方に投げられたディスクをキャッチして速やかに止まる．ディスクを投げた人は，相手から投げ返されるディスクを取りに前方へ走る．

休憩（5分）

④ ディスカソンリレー（25分）

　10人グループを4つ作る．各グループを1列に並ばせて，先頭の子どもからディスクを投げてスタートして，自分が投げたディスクを走って行って拾って投げるのを繰り返し，コーンなどの目標物を回って列の次の人にパスをする．ディスクを持って走ることはルール違反だと伝える．まずは，コースを把握するためにひとりずつ練習する．次に一人ずつのタイムトライアルをして，スタートしてから戻ってくるまでのタイムを計測する．最後にチーム対抗のリレーをする．

⑤ まとめ（5分）

ポイント

　　小学校中学年はある程度の腕力があり，敏捷性も高まってくるため，少しだけ

運動量を多くする．キャッチアンドスローも片手キャッチやローラースローを試したり，連続で続けたりするなど，挑戦的なプログラムを入れていく．また，運動量を確保するためにツーメンで少しだけ走る．最後にディスカソンをすることにより，思い切り体を動かしながらディスクを投げることにする．

(4) 指導例4　小学校高学年，スポーツ少年団への指導

対象：小学校5・6年生40人
目標：ディスクをコントロールして投げる「SCF（セルフコートフライト）」
時間：2時間
場所：屋外，野球場
用具：ファーストバック×20枚，コーン12本，ストップウォッチ6個

プログラム
準備運動・ストレッチ（5分）
① ディスク摑み遊び（5分）
　二人で1枚のディスクを使い，プログラム例のディスク遊びをする．最初の子どもが課題を達成したらペアの子どもにディスクを渡すようにする．もしくは，時間や回数を決めておき，子どもが交互でディスクを触るようにする．使用ディスクはファーストバック．

② キャッチアンドスロー（40分）
　二人組で向かい合ってディスクを投げ合う．最初は自由に投げてもらい，徐々に投げ方や捕り方の課題を提示していく．
バックハンドスロー　左右カーブ　ストレート　片手キャッチ　連続20回
サイドアームスロー　左右カーブ　ストレート　片手キャッチ　連続20回
股下キャッチ，背中キャッチ

休憩（10分）

③ MTA（25分）
　ディスクの落下軌道を予測することから始めるので，指導者やスローの上手な子供にスローワーを固定して，近くに戻ってくるようにディスクを投げて，一人ずつ走って行って摑む練習をする．摑んだディスクは，指導者のところへ

戻し，列の後ろへ並ぶ．数回，繰り返して感覚が慣れてきたら，自分で投げて取りに行く．フィールドが広い場合は，複数個所でおこない，狭い場所は 1 カ所でおこなう．ある程度，キャッチできるようになったら指導者がストップウォッチでディスクを投げて摑むまでの時間を計測する．

休憩（5分）

④ TRC（25分）

MTA の延長として，できるだけ遠くでキャッチすることを目指す．最初は，風上に向かって高めに投げて，キャッチすることを繰り返し，慣れてきたら横風や風下に投げてできるだけ遠いところでキャッチすることを目指す．メジャーで距離を測定してもよいし，コーンなどの目印をおいてポイント制にするのもよい．

⑤ まとめ（5分）

ポイント

小学校高学年になると敏捷性が高まり，腕力もついてくるため，難易度を少し上げる必要がある．MTA や TRC をするには，ある程度のロングスロー技術が必要であり，何度も投げることによってディスク角度の感覚を摑ませるようにする．最初はディスクが斜めになって落ちてしまうので，キャッチできないことが多いが，ディスクの外側を下げることによってハイザーアングルを維持して投げると滞空時間が長くなることを理解させる．また，力いっぱい投げてもキャッチできないと記録がないので，まずは 5 〜 7 割程度で力を抜いて投げることを指導する．

(5) 指導例 5　中学生への指導　GUTS

対象：中学生 40 人

目標：ディスクを使って体を動かす「GUTS（ガッツ）」

時間：50 分

場所：体育館（バスケットボールコート 1 面）

用具：ドッヂビー 270 × 4 枚，ファーストバック（あるいは GPA）× 20 枚，
　　　コーン 16 本

① 準備運動・ディスク摑み遊び（5分）

　二人で1枚のディスクを使い，プログラム例のディスク遊びをする．最初の子どもが課題を達成したらペアの子どもにディスクを渡すようにする．もしくは，時間や回数を決めておき，子どもが交互でディスクを触るようにする．

② キャッチアンドスロー（20分）

　二人組で向かい合ってディスクを投げ合う．最初は自由に投げてもらい，徐々に投げ方や捕り方の課題を提示していく．

バックハンドスロー　左右カーブ　ストレート　片手キャッチ　連続10回成功
サイドアームスロー　左右カーブ　ストレート　片手キャッチ　合計10回成功
股下キャッチ

③ ガッツ（25分）

　まず，片手でつかむこととチームメイトのフォローをすることを意識するためにボブリングをおこなう．3〜5分程度おこない，3回連続でつかむように挑戦する．その後，10m前後離れて5人ずつで対戦をする．最初は，チーム内で順番を決めて全員が同じ回数になるように投げていく．15点や21点先取にするか，10分間など時間を限定してゲームをしていき，風が強い場合は，コートチェンジをする．最初は，恐怖心を抑えるためにドッヂビーを使用して，慣れてきたら小さめのディスクを使う．

ポイント

　中学生はある程度の腕力があり，敏捷性も身についているため，運動量を確保して遊ぶようにする．GPAタイプのディスクを使用することによって，ある程度の飛距離を確保しつつ，操作性についても学ぶ．

　二人一組で1枚を使うようにする．背面キャッチや股下キャッチなどのバリエーションを増やすことによって難易度を上げ，チャレンジ精神と向上心を持たせる．

　投げる向きを統一する．あまり遠すぎると危険なので，最初は8mぐらいの距離で始める．できれば隣との間隔を1.5m以上，空けることが望ましい．片手キャッチや利き手ではない手でのキャッチ，股下でのキャッチなどの課題を課していく．

　ガッツのゲームはセルフジャッジが望ましいが，グッドスローの判断が難しい

ので，審判と得点係を決めておくとスムーズにゲームが進む．上方やサイドアウトなど判断しやすいように，守るチームは手を伸ばしてアピールすることを伝えておく．範囲外のスローの判断が困難なときは，投げ直しをさせるとよい．

　　風が強い場合は，ゲームの途中でコートチェンジをして風の影響を両チームが同様に受けるようにする．

　　どうしても真ん中から右側にディスクが飛んでいくので，守る位置を交代させ，キャッチの能力によってポジションを考えさせるようにするとよい．

　　味方がはじいたディスクを摑んだ場合は，ボーナス点をつけたり，運動能力の低い子は両手キャッチを認めるルールを設ける．

(6) 指導例 6　　高校生への指導

　　対象：高校生 40 人
　　目標：ディスクの軌道を予測できるようにする．キャッチとスローを繰り返す「DDC」
　　時間：60 分
　　場所：グラウンド
　　用具：DDC（もしくは GPA タイプ）ディスク× 20 枚，ミニコーン 40 本

プログラム

① 準備運動・ディスク摑み遊び（5 分）

　　二人で 1 枚のディスクを使い，プログラム例のディスク遊びをする．最初の生徒が課題を達成したらペアの生徒にディスクを渡すようにする．もしくは，時間や回数を決めておき，生徒が交互でディスクを触るようにする．使用ディスクは DDC ディスク．

② キャッチアンドスロー（15 分）

　　二人組で向かい合ってディスクを投げ合う．最初は自由に投げてもらい，徐々に投げ方や捕り方の課題を提示していく．
バックハンドスロー　左右カーブ　ストレート　片手キャッチ　連続 20 回
サイドアームスロー　左右カーブ　ストレート　片手キャッチ　連続 20 回
アップサイドダウンスロー
バックハンドスローで中距離のコントロールを身につける

③ DDC（40分）

　20 mぐらいの距離をとり二人組で向かい合ってディスクを投げ合う．風が強い時や届かないときは 15 m ぐらいにする．ある程度，相手のところへ投げられるようになったら，滞空時間の長いスローで相手のところへ投げるように試みる．そのためには，ディスクのスロー角度と方向が重要になるので，風向きをふまえてコントロールするように指示をする．風下から投げる場合は，ディスクの外側を下げてハイザーアングルとし，風上側からはディスクの外側を上げるアンハイザーアングルとする．

　ある程度コントロールができるようになったら，ゲームを始める．5コート作り，1コート当たり8名として，4チームのリーグ戦をおこなう．

ポイント

　　高校生は腕力があり，敏捷性も身についているため，運動量を確保して遊ぶようにする．DDC ディスクを使用することによって，ある程度の飛距離を確保しつつ，操作性についても学ぶ．

　　DDC のゲームは，相手コートまでスローが届かないとゲームが面白くないので，事前にしっかりとコントロールしてある程度の距離を投げられるようにしておく．また，スローの際の掛け声が分かりにくいので，簡単な掛け声をお互いで決めるとよい．

（7）指導例 7　女子大学生への指導　アキュラシー

　対象：女子大学生 40 人
　目標：正確に投げることを目指す「アキュラシー」
　時間：60 分
　場所：グラウンド
　用具：ファーストバック×20 枚，ゴルフディスク（ライト）40 枚，アキュラシーゴール 4 個

① 準備運動・ディスク掴み遊び（5分）

　二人で1枚のディスクを使い，プログラム例のディスク遊びをする．課題を達成したらペアの子どもにディスクを渡すようにする．もしくは，時間や回数を決めておき，学生が交互でディスクを触るようにする．

② キャッチアンドスロー（20分）ファーストバック

　二人組で向かい合ってディスクを投げ合う．最初は自由に投げてもらい，徐々に投げ方や捕り方の課題を提示していく．

バックハンドスロー　左右カーブ　ストレート　　連続 20 回成功

サイドアームスロー　左右カーブ　ストレート　　合計 20 回成功

③ アキュラシー（30分）

　アキュラシーゴールを 10 m の距離で 4 つ設置して，1 サイトに 10 人になるように振りわける．ゴルフディスクを各サイトに 10 枚配置し，一人が連続で10 投する．記録係と計測係を決め，その他はディスクの回収にあたる．順番に役割を交代して 10 投して何投が枠内に入るかを記録していく．

④ まとめ（5分）

ポイント

　女子大学生は，運動量が多い活動を避けることから，できるだけ走らないようなプログラムにする．アキュラシーのゴールまでの距離が遠すぎると難易度が高くなりすぎるので，あまり遠くならないように気をつける．10 m でも入らないようであれば 7 m や 5 m にして，達成感が味わえるように工夫する．

(8) 指導例 8　運動が得意な成人への指導　DDC

　対象：成人 20 人

　目標：対戦相手と駆け引きを楽しむ

　時間：60 分

　場所：グラウンド

　用具：DDC ディスク × 20 枚，マーカー（小）40 個

プログラム

① 準備運動・ディスク摑み（5分）

　二人で 1 枚のディスクを使い，プログラム例のディスク遊びをする．課題を達成したらペアの人にディスクを渡すようにする．もしくは，時間や回数を決めておき，交互でディスクを触るようにする．

② キャッチアンドスロー（10分）ファーストバック

　二人組で向かい合ってディスクを投げ合う．最初は自由に投げてもらい，徐々に投げ方や捕り方の課題を提示していく．慣れてきたら距離を離していき，30 m でもお互いにコントロールすることを目指す．

バックハンドスロー　左右カーブ　ストレート　連続 20 回成功

③ DDC（45分）

　コートを 5 つ作り，4 人グループに分ける．それぞれのコートで二人組ペアの対戦をする．もしくは，10 人グループを二つ作り，5 ペアで 2 コートを使い，1 ペアが得点係をする．正式の競技では一定のポイントでコートチェンジするが，初心者ではルールが複雑になるので，コートチェンジなしでおこなう．どちらかのペアが 11 点（設定した点）を獲得した時点かあらかじめ決められた時間で試合を終えて，対戦相手を変える．風上が有利になるので，次の対戦では風下だったペアが風上に来るように入れ替える．

ポイント

　　ただディスクを投げるのではなく，相手から投げられたディスクをキャッチすることが求められ，楽しみながら運動することができる．また，相手の立ち位置やスローのコースを確認しながら判断が求められるため，戦術が大切になる．DDC の正式な競技ではコートの間隔が 17 m になっているが，初心者ではスローが届きにくいので 10〜12 m にしておこなう．ゲーム開始時のコール（掛け声）がわかりにくいので，ゲーム前にしっかりと説明しておく．ディスクを取ってコート外に出た際やキャッチした後に移動した際にはルールで決められた処置があるが，楽しむことが優先なので両チームが話し合って柔軟に対応していくとよい．

(9) 指導例 9　成人女性への指導　フリースタイル　ソフトガッツ

　　対象：成人女性 40 人

　　目標：心地よい運動をしてもらう

　　時間：60 分

　　場所：体育館

　　用具：コーン 16 本，ドッヂビー 270 × 20 枚

プログラム

① 準備運動・ディスク摑み（5 分）

② キャッチアンドスロー（15 分）

　二人組で向かい合ってディスクを投げ合う．最初は自由に投げてもらい，徐々に投げ方や捕り方の課題を提示していく．

バックハンドスロー　左右カーブ　ストレート　片手キャッチ　連続 20 回
背面キャッチ　レッグスキャッチ　フラミンゴ

③ ソフトガッツ（40 分）

　ガッツのゲームでは恐怖感を除くためにドッヂビーディスクを使う．練習では，片手でつかむことを意識するために片手キャッチをおこなう．その後，10 m前後離れて 5 人ずつで対戦をする．最初は，慣れるために両手でのキャッチを認め，慣れてきたら片手キャッチに移行する．チーム内で順番を決めて全員が同じ回数になるように投げていく．15 点先取にするか，10 分間など時間を限定してゲームをしていく．

　ポイント

　　キャッチのしやすいドッジビーを使用することによって，恐怖感をなくす．また，様々なキャッチに挑戦することで飽きさせないようにする．レッグスキャッチやフラミンゴキャッチでは，片足でのバランスや柔軟性が求められるので，全身運動ができる．

(10) 指導例 10　中年男性への指導　ディスタンス　MTA

　　対象：中年男性 20 人
　　目標：心地よい運動をしてもらう
　　時間：60 分
　　場所：グラウンド
　　用具：コーン 4 本，マーカー 6 個，ウルトラスター 10 枚，ファーストバック × 10 枚，ストップウォッチ 6 個，メジャー 2 個

プログラム

① キャッチアンドスロー（15分）

二人組で向かい合ってディスクを投げ合う．最初は自由に投げてもらい，徐々に投げ方や捕り方の課題を提示していく．

バックハンドスロー　左右カーブ　ストレート　片手キャッチ　連続20回

サイドアームスロー　左右カーブ　ストレート　片手キャッチ　連続10回

② ディスタンス（20分）

サイトを二つ作り，10人の2グループに分ける．それぞれのサイトで，5人がスローをして，5人が計測とディスク拾いをする．一人連続5回投げて，最も遠く飛んだ地点を計測して記録する．グループ内でスローと計測の役割を交代する．

休憩（5分）

③ MTA（20分）

10人の2グループに分ける．それぞれのグループで，前半に投げる5人と測定する5人に分ける．投げるグループは順番に1回ずつ投げるのを5セットおこなう．測定するグループは記録を計測する人が3人でタイムを計り，3人の中間のタイムを採用する．

ポイント

中年男性は腕力があり，挑戦意識が強いため，記録を競うゲームをおこなう．操作性の良いウルトラスターディスクを使うことにより，ある程度の飛距離を確保する．飛距離ごとのランキングを示すことによって意欲を高めるようにする．また，MTAをすることにより，投げたディスクをキャッチするために移動する運動量が確保できる．普段から運動していない人は，アキレス腱断裂や肉離れをする可能性があるので，あまり思い切り投げないように指導する．

（11）指導例11　中高年女性への指導　ディスゲッター9

対象：中年女性40人

目標：心地よい運動をしてもらう

時間：60分

場所：グラウンド

用具：ファーストバック×40枚，コーン4本，ディスゲッター9×4個

プログラム

① 準備運動・ディスク掴み（10分）

二人で1枚のディスクを使い，プログラム例のディスク遊びをする．課題を達成したらペアの人にディスクを渡すようにする．もしくは，時間や回数を決めておき，交互でディスクを触るようにする．

② キャッチアンドスロー（15分）

二人組で向かい合ってディスクを投げ合う．最初は自由に投げてもらい，徐々に投げ方や捕り方の課題を提示していく．

バックハンドスロー　左右カーブ　ストレート　片手キャッチ　連続10回

休憩（5分）

③ ディスゲッター（20分）

10人の4グループに分けてディスゲッターをする．ターゲットの設置は追い風の向きで7m前後の距離で調整する．投げる以外の人は，ディスク拾いやターゲットのパネル装着などをする．交代で全員が何枚のパネルを抜くか挑戦する．

④ 整理体操（10分）

二人組になり，ストレッチをして体をほぐす．

ポイント

中高年女性は，身体活動量が少ない人が多いので，無理のないように激しい動きを避けるようにする．キャッチアンドスローもできる限り近い距離でおこない，お互いがキャッチできるようにする．距離が遠いと無理をして力んで投げたり，方向がずれてキャッチの際に転倒や衝突する可能性があるので注意する．様々なディスク掴みをすることで，普段とは異なる動きをしてもらい，多様な筋肉を使うようにする．ディスゲッターのディスク拾いをすることにより前屈や足の屈伸運動をすることができる．普段は使わない筋肉を使うため，体のケアをしっかりとするように伝える．

（12）指導例 12　高齢者，地域のサロンでの指導

対象：高齢者 20 人

目標：無理なく運動してもらう　「ディスクゴルフ」

時間：60 分

場所：公園

用具：ドッヂビー 235 × 10 枚，ゴルフ用パットディスク × 20 枚（なければ
　　　ファーストバックタイプ），移動型ディスクゴルフゴール × 5

プログラム

① キャッチアンドスロー（10 分）

ドッヂビーを使い短い距離でコントロールすることを意識して投げあう．

② ディスクゴルフ（45 分）

4 人組で 1 パーティーとして 5 ホールを一斉スタート方式で回る．

③ まとめ，整理体操（5 分）

ポイント

　高齢者は，敏捷性が低下しているため，走ったり跳んだりする激しい種目は避
ける．キャッチする際の動的視力も落ちているため，キャッチをする場合は，で
きる限り大きくて柔らかいドッジビーなどのディスクを使用するようにする．

　また手首の関節が固くなっており，スローの際にスナップを聞かせることが難
しいことが多いことから，長い距離を投げる場合は，重たいディスクをサイドア
ームスローで投げると容易に飛ばすことができる．

　コースは，向かい風で長距離のホールにならないように設定する．他の組や一
般人にディスクが当たらないようにスペースを考えることが重要である．樹木や
遊具を旗門（マンダトリー）として設定して，コース戦略の工夫ができるようにす
ると盛り上がる．

（13）指導例 13　車いす利用者への指導　アキュラシー

対象：15 人

目標：楽しんで運動してもらう

時間：60 分

場所：体育館もしくはグラウンド

用具：ドッジビー 270 × 20 枚，ファーストバック× 30 枚，コーン 6 本，アキュラシー× 3 個

プログラム

① キャッチアンドスロー（30 分）

二人組で向かい合ってディスクを投げ合う．最初は自由に投げてもらい，徐々に投げ方や捕り方の課題を提示していく．

バックハンドスロー　左右カーブ　ストレート　片手キャッチ　連続 20 回

② アキュラシー（30 分）

参加者を 3 グループに分けて，グループでアキュラシーを楽しむ．距離は 5 〜 7 ｍでおこない，できるだけターゲットに入りやすくする．一人で 10 枚を連続で投げる．投げる位置にコーンを置く．指導者や介助者が投げる人にディスクを渡す．

ポイント

車いす利用者はディスクをキャッチできる範囲が限定されるために，摑みやすいドッジビーを利用してキャッチアンドスローをおこなう．基本的にバックハンドですすめるが，手首がうまく使えない参加者がいる場合は，サイドアームスローで対応する．参加者の年代によって敏捷性が異なるが，敏捷性がある場合はファーストバックタイプでキャッチアンドスローをすすめる．床に落ちたディスクは拾いにくいので，できるだけ指導者が予備のディスクをもって渡すとよい．ゲームとしてはキャッチが不要なターゲット種目が望ましい．対象者に合わせたディスクを使用するとよい．

6 中学校・高等学校（1コマ45分）のプログラム例

中学・高等学校での指導例

15回の場合

回数	内　容	目　標	活　動
1	ガイダンス	用具になれる	キャッチ＆スロー
2	ガッツ1	コントロールする	試技
3	ガッツ2	キャッチする	リーグ戦
4	ディスタンス	遠投する	記録測定
5	MTA1	滞空時間を延ばす	試技
6	MTA2	軌道を予測する	記録計測
7	ディスクゴルフ1	コントロールする	試技
8	ディスクゴルフ2	考えたところに投げる	スコア記録
9	アキュラシー	正確に投げる	記録計測
10	ディスカソン	狙い通りに投げる	記録計測
11	アルティメット1	ルールを理解する	体験試合
12	アルティメット2	戦術を理解する	練習試合
13	アルティメット3	チームで戦術を考える	リーグ戦
14	アルティメット4	メンバーで協力する	リーグ戦
15	まとめ		

30回の場合

回数	内　容	目　標	活　動
1	ガイダンス	用具になれる	キャッチ＆スロー
2	ガッツ1	コントロールする	テストマッチ
3	ガッツ2	キャッチする	リーグ戦1
4	ガッツ3	戦術を考える	リーグ戦2
5	MTA1	遠投する	試技
6	MTA2	軌道を予測する	記録計測
7	MTA3　TRC1	記録を伸ばす　記録を残す	記録計測
8	TRC2	記録を伸ばす　記録を残す	記録計測
9	ディスクゴルフ1	コントロールする	試技
10	ディスクゴルフ2	戦略を考える	コースラウンド
11	ディスクゴルフ3	正確性を高める	コースラウンド
12	DDC1	コントロールする	試技
13	DDC2	キャッチする	リーグ戦1
14	DDC3	戦略を考える	リーグ戦2
15	まとめ	ドッヂビー	リーグ戦
16	アキュラシー	スローの復習	計測
17	ディスタンス	遠くへ投げる	計測

18	アルティメット 1	味方に投げる	ツーメン　ヘッズ
19	アルティメット 2	スペースへ投げる 1	ラダードリル
20	アルティメット 3	スペースへ投げる 2	エンドゾーンドリル
21	アルティメット 4	ストーリング	スルーザマーカー
22	アルティメット 5	レシーバー駆け引き	2 対 1
23	アルティメット 6	チーム攻撃 1	3 対 3 ゲーム
24	アルティメット 7	チーム攻撃 2	リーグ戦 1
25	アルティメット 8	守り　フォースワンサイド	リーグ戦 2
26	アルティメット 9	守り　フォースミドル	リーグ戦 3
27	アルティメット 10	ゾーンディフェンス	リーグ戦 4
28	アルティメット 11	戦略を考える	リーグ戦 5
29	アルティメット 12	総合	リーグ戦 6
30	まとめ		

7　大学のプログラム例

大学での指導例

15 回の場合

回数	内　容	目　標	活　動
1	ガイダンス	用具になれる	キャッチ＆スロー
2	ガッツ 1	コントロールする	試技
3	ガッツ 2	キャッチする	リーグ戦
4	ディスタンス	遠投する	記録測定
5	MTA1	軌道を予測する	記録計測
6	ディスクゴルフ 1	コントロールする	試技
7	ディスクゴルフ 2	考えたところに投げる	スコア記録
8	ディスクゴルフ 3	スコアアップ	ラウンド
9	アキュラシー	正確に投げる	記録計測
10	アルティメット 1	ルールを理解する	体験試合
11	アルティメット 2	戦術を理解する	練習試合
12	アルティメット 3	チームで戦術を考える	リーグ戦
13	アルティメット 4	メンバーで協力する	リーグ戦
14	アルティメット 5	試合を楽しむ	リーグ戦
15	まとめ		

30 回の場合

回数	内　容	目　標	活　動
1	ガイダンス	用具になれる	キャッチ＆スロー
2	ガッツ 1	コントロールする	キャッチ＆スロー

3	ガッツ2	キャッチする	対戦
4	ガッツ3	フォーメーション	リーグ戦
5	ガッツ4	ゲームを楽しむ	リーグ戦
6	ディスタンス	遠投する	
7	MTA1	軌道を予測する	
8	MTA2	風を読む	試技
9	TRC	走って摑む	記録計測
10	ディスカソン	狙い通りに投げる	
11	ディスクゴルフ1	コントロールする	
12	ディスクゴルフ2	考えたところに投げる	
13	ディスクゴルフ3	スコアアップ	
14	ディスクゴルフ4	正確に投げる	
15	まとめ		
16	ドッジビー		
17	DDC1		
18	DDC2		
19	DDC3		
20	アルティメット1	ルールの理解	
21	アルティメット2	基礎技術　ショートパス	
22	アルティメット3	ロングパス	
23	アルティメット4	DF1　ストーリング	
24	アルティメット5	マンツーマンDF	
25	アルティメット6	ゾーンDF	
26	アルティメット7	戦術を理解する	
27	アルティメット8	チームで戦術を考える	
28	アルティメット9	メンバーで協力する	
29	アルティメット10	試合を楽しむ	
30	まとめ		

あ と が き

　本書『フライングディスクの指導教本──フライングディスクの飛行について──』は，スポーツやレクリエーションとしてのフライングディスクを普及させるために研究をまとめた内容となっています．2015 年頃に構想を練り始め，写真のモデルを誰にしようかと考えていました．実施にモデルとして映える選手はたくさんいたのですが，私の原稿作成の遅れにより発行が大幅に遅れてしまいました．私がフライングディスクに出会ったのは，大学 1 年生の授業でした．レクリエーション系の科目の中で数回，フライングディスクを投げたのが始まりでした．夏休みには，当時の学生チャンピオンだった上智大学のチームメンバーが合宿に来ていたので，大学の即席チームを作って対戦させていただきました．また，その年の秋に大学の近くでディスクゴルフ大会が開催されることになり，クラブ活動の合間を縫って参加しました．その際，現在の会長である師岡文男先生の講習会を受講し，様々な技術を学びました．初めてのディスクゴルフのラウンドでは，当時のフライングディスク協会会長の江橋慎四郎先生と回りました．組織の長である人だから，とても上手なのだと期待していたら，思ってたよりは全然大したことがなかったことが印象に残っています．大学時代は，友人とたまにディスクゴルフをして遊ぶ程度でした．その後，大学院博士課程になり，中京大学へ進学したところ，できたばかりのアルティメットチームがあり，コーチとして関わるようになりました．経験者とはいえ，初心者レベルの練習試合をしたことがある程度であり，バスケットボールやサッカーの戦術を応用して試行錯誤しながら選手とともにプレーしながら技術を獲得していきました．そのころ，毎週のように江橋先生と一緒に学内の特設ディスクゴルフコースを回らせてもらい，フライングディスクに限らずスポーツやレクリエーションの楽しみ方を教えていただきました．活動していた愛知県は，かつて日本フリスビー協会の本部があった土地で，フライングディスクが盛んな土地柄でした．当時，フライングディスクの技能検定制度が改定された頃であり，インストラクター資格を取得しようと様々な種目に挑戦するようになりました．大内勝利氏や野田俊一氏などオーバーオール競技（個人種目）を

している選手と一緒にアルティメットをしていたこともあり，自然にディスタンスやSCFも楽しむようになりました．また，GUTSの大会も定期的に開催されていたこともあり，竹内博行氏や山本貴彦氏，杉本俊哉氏をはじめGUTSチームであるクリシュナやアニマルズの皆さんに鍛えてもらうことができました．さらにフリースタイルの第一人者である原科豊氏，山本友一氏，平島昌樹氏などと一緒にジャムセッションできたことは光栄なことでした．同時期に滋賀県フライングディスク協会がDDC大会のバレンタインカップをはじめ，そこに「ずっこけ♪あるまじろ」の高月宏樹＆池田順一ペアや岩間卓栄氏とともに出かけて行って大会を盛り上げていました．2000年からはアルティメットのマスター部門で世界大会に出場する機会もいただき，吉田昭彦氏や島健氏や本田雅一氏とともに国外のフライングディスク事情を視察する機会を得たことはとても良い経験になっています．

　龍谷大学に着任してからは，関西に活動を移したこともあり，大阪府フライングディスク協会の大島寛氏や丸井潤氏，兵庫県フライングディスク協会の鈴木精剛氏や上田晶人氏，京都府フライングディスク協会の栗山靖己氏，滋賀県フライングディスク協会の早川浩一氏や中村公一氏にお世話になりました．また，滋賀県障害者フライングディスク協会のボランティアをする機会もあり，西川真治氏や田渕千恵子氏にご教示をいただきました．本書の写真撮影においては，フォトグラファーのMAI ECHIURA氏に撮影をお願いしました．時間がない中での撮影になりましたが，おかげさまで意図を表現できる写真を載せることができました．最後に，最終調整の段階において，日本フライングディスク協会指導普及員会がフライングディスクの教育的価値を作っていくプロジェクトであるフライングディスクアカデミーを立ち上げ，様々な情報が入ってきました．その中で，慶應義塾大学の村山光義氏から貴重な資料をいただくことができました．本書ができたのは，ここに名前を載せた方以外にも多くの人のお世話になっており，特にデータや資料の収集など龍谷大学フライングディスクサークル「ROC-A-AIR」メンバーの協力があったからです．関係者各位にお礼を申し上げます．本書により，フライングディスクに関する関心が深まり，競技が普及することを願っています．

　最後に，本書の出版にあたっては，2022年度の龍谷大学出版助成金の交付をいただきました．作業を進めるにあたり，晃洋書房の編集者である丸井清泰

さんとスタッフの方々には構想の時から相談に乗っていただき，多大な支援を
いただき，本当に助かりました．心から感謝申し上げます．

久 保 和 之

参 考 文 献

小林信也監修（1977）「フリスビーはコミュニケーションだ」『POPEYE』11，第 2 巻第 9 号，pp 19-37.

島健（2003）『フライングディスク CD-ROM 教材「Flying Disc Learning System」』ぎょうせい.

Studarus, James（2005）『フライングディスクをやってみよう——アルティメットの基礎と応用——』（日本フライングディスク協会監修，師岡文男・長澤純一訳），ナップ.

高橋和敏監修（1992）『フライングディスク入門——アルティメットのすすめ——』タッチダウン社.

日本フライングディスク協会（2003）『フライングディスク指導者テキスト』.

日本フライングディスク協会（2015）『日本フライングディスク協会公式ガイドブック——IOC 公認競技 11 種目の概要——』.

日本フライングディスク協会編／江橋慎四郎監修（1988）『フライング・ディスクのすすめ』ベースボールマガジン社.

本間聡（1980）『初心者のためのフリスビーディスク入門』土屋書店.

守能信次（1984）『スポーツとルールの社会学——《面白さ》をささえる倫理と論理——』名古屋大学出版会.

山森玲治監修（1979）『スポーツノート⑬フリスビー』鎌倉書房.

参 考 資 料

都道府県協会

都道府県協会 役員一覧

都道府県協会名	会長	住所
	事務局長	電話番号／FAX 番号
北海道フライングディスク協会	佐藤 貴志	
	山本 麻未	
青森県フライングディスク協会	白川 直人	〒 035-0067 むつ市十二林 9-6
	浜松 満弥	0175-22-6912／017-739-8198
岩手県フライングディスク協会	木野 渉	〒 020-0857 盛岡市北飯岡 1 丁目 5-70 1-106
	六角 大輔	090-7523-5506
宮城県フライングディクス協会	弓田 恵里香	〒 989-0916 刈田郡蔵王町遠刈田温泉字西集団 95-1
	中村 麻衣	0224-26-6220
秋田県フライングディスク協会	―	〒 010-0041 秋田市広面字川崎 133-4
	佐藤 孝志	018-835-3894／018-835-3894
山形県フライングディスク協会	菊地 忍	〒 990-0055 山形市相生町 8-55 （株）中島商店内
	中嶋 乃林子	―
福島県フライングディスク協会	渡部 貴人	〒 969-5344 南会津郡下郷町大字沢田字宅地続甲 25
	渡部 佳恵	0241-67-2786／0241-67-2786
茨城県フライングディスク協会	鈴木 賢一	〒 300-0045 土浦市文京町 6-22
	田崎 勝英	029-821-4490／029-823-5213
栃木県フライングディスク協会	簗瀬 進	〒 321-0901 宇都宮市平出町 2750
	釜井 良二	028-660-7540／028-660-7540

群馬県フライングディスク協会	阿部 洋平	〒 371-0122 前橋市小坂子町 2116-7
	横堀 巧	080-1251-6139／
埼玉県フライングディスク協会	―	〒 335-0001 蕨市北町 1-15-16-203
	能勢雷人（代理）	090-7778-5729
千葉県フライングディスク協会	山下 弘毅	〒 263-0043 千葉市稲毛区小仲台 6-18-1-1111（株）マックスウェルインターナショナル内
	曽子 隆博	
一般社団法人 東京都フライングディスク協会	高橋 伸	〒 102-0074 千代田区九段南 1 丁目 5-6 りそな九段ビル 5F KS フロア
	篠田 直	
神奈川県フライングディスク協会	星野 剛士	〒 223-0064 横浜市港北区下田町 1-12-3-101 レクシステム内
	松永 安則	045-624-8123／045-624-8164
新潟県フライングディスク協会	佐藤 敏郎	〒 949-7111 南魚沼市麓 430 番地
	小幡 剛久	090-1046-6553／025-780-5029
石川県フライングディスク協会	田井 友章	〒 920-0831 金沢市東山 1-10-1 locoloco higashi202
	浅利 明	090-9336-5305
長野県フライングディスク協会	竹内 裕希	〒 381-4102 長野市戸隠豊岡 7868-1
	亀田 浩史	―／―
富山県フライングディスク協会	牧内 直哉	〒 939-0662 下新川郡入善町下飯野新 386-1
	村田 和孝	0765-72-2262／0765-72-2262
福井県フライングディスク協会	水沢 利栄	〒 910-0806 福井市高木町 77-5
	吉岡 友冶郎	0776-53-5515／0776-53-5515
山梨県フライングディスク協会	込山 芳行	〒 406-0036 笛吹市石和町窪中島 587 ホテル石庭内
	島津 庄一郎	055-262-4155／055-263-3304
岐阜県フライングディスク協会	菅原 進	〒 509-0203 可児市下恵土 934-2
	渡邉 哲彦	090-4401-4457／0574-62-1051

静岡県フライングディスク協会	清水 武彦	〒 416-0913 富士市平垣本町 7-20　富士市ホテル旅館業組合事務局内
	瀧澤 寛路	0545-61-0619
一般社団法人 愛知県フライングディスク協会	中路 恭平	〒 470-1211 豊田市畝部東町宗定 397 番地㈲三豊内
	前田 尚希	0565-30-7065／0565-21-5362
三重県フライングディスク協会		〒 510-1246 三重郡菰野町大羽根園青葉町 7-12 市川典子方
	平松 宏之	059-393-3130／059-393-3130
滋賀県フライングディスク協会	早川 浩一	〒 520-0854 大津市鳥居川町 6-35-516 早川方
	加藤 宏美	080-7756-9926
京都府フライングディスク協会	栗山 靖己	〒 603-8246 京都市北区紫野西泉堂町 48 栗山方
	藤原 香代子	090-1028-3269
一般社団法人 大阪府フライングディスク協会	大島 かおる	〒 597-0023 貝塚市福田 22
	大島 寛	090-2709-3339
兵庫県フライングディスク協会	上田 晶人	〒 651-1111 明石市大久保町西島 557-5
	岡上 典之	090-8447-1132／078-330-3590
奈良県フライングディスク協会	種谷 博司	〒 639-0255 香芝市関屋 380-2
	冨永 修	
一般社団法人 和歌山県フライングディスク協会	森脇 崇	〒 641-0036 和歌山市西浜 1036-1
	大島 寛	090-1025-6099
鳥取県フライングディスク協会	山田 大介	〒 689-1101 鳥取市杉崎 475-4
	石川 陽介	0857-51-7003／0857-51-7004
島根県フライングディスク協会	水浦 誠司	〒 694-0064 大田市大田町大田イ 1105-3
	久保 孝次	0854-84-7662／0854-84-7662
岡山県フライングディスク協会	山本 利夫	〒 716-0005 高梁市川端町 25 番地 妹尾方
	妹尾 尚	0866-22-2928／050-3430-7336

広島県フライングディスク協会	柳本 良逸	〒 733-0823 広島市西区庚午南 2 丁目 19-11 佐々木良方
	佐々木 良忠	082-274-0374／082-274-0374
山口県フライングディスク協会	大内 勝利	〒 754-0001 山口市小郡上郷山口芸術短期大学内
	吉野 信朗	083-972-2880／083-972-4145
徳島県フライングディスク協会	―	―
	西村 知泰	nishimura_tomoyasu_2@pref.tokushima. jp
香川県フライングディスク協会	棟近 壮一郎	高松市
	棟近 壮一郎	kgw.fda20@gmail.com
愛媛県フライングディスク協会	真鍋 敏夫	〒 792-0864 新居浜市東雲町 2-1-4
	―	0897-34-3044／0897-34-3044
高知県フライングディスク協会	広田 一	〒 780-0822 高知市はりまや町 2-3-7　おおいビル 2F 南
	中町 尚一	088-884-1134／088-884-1134
一般社団法人 福岡県フライングディスク協会	三笠 圭一	〒 818-0138 太宰府市吉松 2 丁目 5 番 10-508 号
	―	092-403-3573／092-403-1155
佐賀県フライングディスク協会	八嶋 フヂヨ	〒 840-0806 佐賀市神園 3 丁目 18-15　西九州大学短期大 学部内 竹森方
	竹森 裕高	0952-31-3001／0942-82-8411
長崎県フライングディスク協会	篠崎 元司	〒 854-0027 諫早市旭町 3-14-101
	吉岡 恵里花	090-1970-5125
熊本県フライングディスク協会	横田 浩	〒 860-0088 熊本市津浦町 13-47 横田方
	横田 浩	096-312-1353／096-312-1354
大分県フライングディスク協会	野口 憲一	〒 872-0342 宇佐市景平 255 小野方
	小野 誠	0978-42-5030／0978-42-5030
宮崎県フライングディスク協会	工藤 雅代	〒 882-1101 西臼杵郡高千穂町大字三田井 1366-9 工藤方
	井上 聖子	090-9482-3793
鹿児島県フライングディスク協会	川西 正志	〒 891-0133 鹿児島市平川町 4009 有川方
	有川 満	099-261-3112／099-261-3112

沖縄県フライングディスク協会	新城 秀二	〒 901-2113 浦添市大平 1-34-5 コーポ MS104 号室
	―	

世 界 記 録

ディスタンス

Class	Result	Sex	Name	Date	Location
Open	338.00 m	M	David Wiggins, Jr. (USA)	28.Mar.16	Primm, NV, USA
Open	173.3 m	F	Jennifer Allen (USA)	26.Mar.16	Primm, NV, USA
u6	37.34m	F	Scarlett LeCompte (USA)	23.Mar.18	Hartselle, AL, USA
u6	54.10 m	M	Kaidln Bell (USA)	20.May.17	Grand Rapids, MI, USA
u12	97.74 m	F	Mary Uhlarik (USA)	18.May.91	La Mirada, CA, USA
u12	152.45 m	M	Nicholas Duran (USA)	11.Apr.11	Pine Top, AZ, USA
u17	146.53 m	F	Siaka Hori (JPN)	12.Aug.19	Tachikawa-city, Tokyo, JPN
u17	296.30 m	M	Austin Spradlin (USA)	28.Mar.16	Primm, NV, USA
o95	9.05 m	F	Toshi Fujimoto (JPN)	26.Oct.03	Otsu-shi, Shiga-ken, JPN
o95	60.70 m	M	Don Shinn (USA)	2.Jun.19	La Canada, CA, USA

MTA

Class	Result	Sex	Name	Date	Location
Open	16.72 s	M	Don Cain (USA)	26.May.84	Philadelphia, PA, USA
Open	11.81 s	F	Amy Bekken (USA)	1.Aug.91	Santa Cruz, CA, USA
u8	4.46 s	F	Saika Hori (JPN)	18.Jul.10	Aisai-city, Aichi, JPN
u8	4.10 s	M	Shogo Shima (JPN)	28.Jul.02	Aichi-pref., JPN
u13	12.03 s	M	Lee Hao (CHN)	24.Jul.01	San Diego, CA, USA
u14	9.45 s	F	Aimee Reiner (USA)	22.Jul.92	Ft. Collins, CO, USA
o35	10.47 s	F	Chieko Kakimoto (JPN)	30.Jul.93	San Diego, CA, USA
o35	15.38 s	M	Harvey Brandt (USA)	27.Jul.03	Madison, WI, USA
o65	3.58 s	F	Shihoko Tabata (JPN)	7.May.17	Kirishima- city, Kagoshima, JPN
o65	11.66 s	M	John Kirkland (USA)	28.Jun.12	Santa Barbara, CA, USA
o70	0.68 s	F	Toshi Fujimoto (age 99!) (JPN)	26.Oct.03	Otsu-shi, Shiga-ken, JPN
o70	10.68 s	M	Phil Pollack	28.Apr.19	Fredericksburg, VA, USA

TRC

Class	Result	Sex	Name	Date	Location
Open	94.00 m	M	Christian Sandstrom (SWE)	9.Jul.03	Santa Cruz, CA, USA
Open	60.02 m	F	Judy Horowitz (USA)	29.Jun.85	La Mirada, CA, USA
u8	14.57 m	F	Saika Hori (JPN)	18.Jul.10	Aisai, Aichi, JPN
u8	11.99 m	M	Kango Shima (JPN)	19.Jul.04	Hitachinaka, Ibaraki, JPN
u15	45.00 m	F	Lee Chen-chieh (CHN)	25.Jul.01	San Diego, CA, USA
u15	64.25 m	M	Grant LeBeau (USA)	9.Dec.01	San Diego, CA, USA
o45	41.00 m	F	Niloofar Mosavar Rahmani (SWE)	8.Jul.19	Richmond, VA, USA
o45	79.87 m	M	John Kirkland (USA)	26.Jul.97	Vancouver, CAN

| o70 | 3.77 m | F | Yoshiko Hayakawa (JPN) | 1.Jan.07 | Ryuoh Shiga, JPN |
| o70 | 48.00 m | M | John Kirkland (USA) | 24.Jun.17 | San Diego, CA, USA |

アキュラシー

Open	19/28	F	Yukari Komatsu (JPN)	12.Jul.03	Santa Cruz, CA, USA
Open	19/28	M	Mike Cloyes (USA)	14.Dec.91	Las Vegas, NV, USA
u6	3/28	M	Asahi Jitsuhiro (JPN)	4.Jul.09	Kanazawa City, JPN
u10	5/28	F	Reina Yokota (JPN)	26.Jul.00	Fukuoka, JPN
u10	12/18	M	Grant LeBeau (USA)	25.Nov.96	Ocean Beach, CA, USA
u14	13/28	F	Saika Hori (JPN)	22.Jul.16	Tachikawa-city, Tokyo, JPN
u14	14/28	M	Shogo Shima (JPN)	2.Oct.08	Hitachinaka-shi, Ibaraki-ken, JPN
o65	18/28	M	Harvey Brandt (USA)	9.Jul.19	Richmond, VA
o65	11/28	F	Bethany Sanchez (USA)	11.Sep.21	Sheboygan, WI, USA
o85	10/28	M	Jack Roddick (USA)	14.Jul.08	Denver, PA, USA

日 本 記 録

アウトドア　ディスタンス

クラス	記録	氏名	年度
男性（一般）	178.03 m	大内 勝利	2009
男性（80 歳以上）	47.96 m	田中 由紀男	2020
男性（79 歳以上）	77.00 m	高野 貞雄	2013
男性（72 歳以上）	87.69 m	宮本 重夫	2014
男性（71 歳以上）	91.84 m	緒方 義憲	2014
男性（60 歳以上）	126.77 m	杉本 俊哉	2019
男性（55 歳以上）	142.45 m	大島 寛	2018
男性（45 歳以上）	170.48 m	大島 寛	2009
男性（35 歳以上）	178.03 m	大内 勝利	2009
男性（16 歳以下）	160.22 m	大内 勝利	1988
男性（15 歳以下）	131.32 m	堀 敬萩	2014
男性（13 歳以下）	126.80 m	山田 拓人	1997
男性（12 歳以下）	120.75 m	姫井 快人	2018
男性（11 歳以下）	90.90 m	荒波 健太	2018
男性（10 歳以下）	84.49 m	大内 海人	2012
男性（9 歳以下）	64.47 m	実広 太陽	2010
男性（8 歳以下）	56.99 m	大内 海人	2010
男性（7 歳以下）	51.38 m	大内 海人	2010
男性（5 歳以下）	43.23 m	大島 真	1993
男性（4 歳以下）	27.82 m	大島 真	1992
男性（3 歳以下）	27.66 m	大島 真	1991
男性（2 歳以下）	23.21 m	大島 真	1990
男性（1 歳以下）	11.15 m	大島 真	1989
男性（0 歳）	0.23 m	大島 豪気	2015
女性（一般）	146.53 m	堀 菜華	2019
女性（101 歳以上）	7.86 m	藤本 俊	2005
女性（99 歳以上）	9.05 m	藤本 俊	2003
女性（91 歳以上）	28.92 m	大貫 幸子	2018
女性（77 歳以上）	34.31 m	川野 公子	2013
女性（69 歳以上）	44.83 m	浜上 和子	2020
女性（68 歳以上）	60.30 m	田畑 志保子	2020
女性（65 歳以上）	82.68 m	神浦 洋子	2014
女性（55 歳以上）	95.98 m WR	田﨑 真理子	2017
女性（45 歳以上）	116.34 m	吉田 直代	2013
女性（35 歳以上）	121.32 m	田内 弓子	2009
女性（16 歳以下）	146.53 m WR	堀 菜華	2019
女性（15 歳以下）	134.02 m WR	堀 菜華	2018

女性（13 歳以下）	126.95 m WR	堀　菜華	2016
女性（12 歳以下）	105.16 m	堀　菜華	2015
女性（11 歳以下）	94.89 m	堀　菜華	2014
女性（10 歳以下）	85.50 m WR	堀　菜華	2013
女性（ 9 歳以下）	76.80 m WR	堀　菜華	2012
女性（ 8 歳以下）	57.04 m WR	堀　菜華	2011
女性（ 7 歳以下）	53.08 m WR	堀　菜華	2010
女性（ 6 歳以下）	33.49 m	堀　菜華	2009
女性（ 5 歳以下）	17.08 m	宮部　海璃	2014
女性（ 4 歳以下）	15.25 m	大野　晴	2019
女性（ 3 歳以下）	5.25 m	大野　晴	2018
女性（ 2 歳以下）	2.09 m	大野　晴	2017
女性（ 1 歳以下）	1.01 m	大野　晴	2016

アウトドア　アキュラシー（全 28 投）

クラス	記録	氏名	年度
男性（一般）	19 投	大内　勝利	2004
男性（一般）	19 投	大島　寛	2010
男性（80 歳以上）	3 投	田中　由紀男	2020
男性（75 歳以上）	6 投	浜上　光生	2016
男性（70 歳以上）	12 投	高野　貞雄	2004
男性（62 歳以上）	13 投	竹内　博行	2020
男性（61 歳以上）	13 投	竹内　博行	2019
男性（55 歳以上）	18 投	横田　浩	2015
男性（45 歳以上）	19 投	大島　寛	2010
男性（16 歳以下）	14 投	大内　海人	2018
男性（13 歳以下）	14 投 WR	島　彰吾	2008
男性（12 歳以下）	10 投	井上　大地	2009
男性（10 歳以下）	9 投	星　逸樹	2005
男性（ 8 歳以下）	7 投	江崎　純乃介	2019
男性（ 6 歳以下）	5 投 WR	実広　朝陽	2010
男性（ 5 歳以下）	3 投 WR	実宏　朝陽	2009
女性（一般）	19 投 WR	小松　由香里	2003
女性（91 歳以上）	1 投	大貫　幸子	2018
女性（70 歳以上）	3 投	早川　敬子	2007
女性（69 歳以上）	3 投	浜上　和子	2020
女性（68 歳以上）	5 投	田畑　志保子	2020
女性（66 歳以上）	9 投 WR	田畑　志保子	2018
女性（55 歳以上）	9 投	手塚　麻美	2013
女性（45 歳以上）	10 投	手塚　麻美	2007
女性（40 歳以上）	10 投	山形　みゆき	2015
女性（35 歳以上）	11 投	手塚　麻美	1997

女性（19歳以下）	14 投	洞口 はるか	2001
女性（15歳以下）	13 投	堀 菜華	2018
女性（13歳以下）	13 投 WR	堀 菜華	2016
女性（12歳以下）	8 投 WR	堀 菜華	2015
女性（10歳以下）	7 投 WR	大内 らな	2010
女性（9歳以下）	5 投 WR	横田 玲奈	2000
女性（9歳以下）	5 投 WR	堀 菜華	2012
女性（8歳以下）	5 投 WR	荒波 朋佳	2018
女性（7歳以下）	3 投 WR	荒波 朋佳	2017

アウトドア M.T.A.

クラス	記録	氏名	年度
男性（一般）	15"30 秒	大島 寛	1992
男性（80歳以上）	2"61 秒	田中 由紀男	2020
男性（71歳以上）	2"87 秒	児島 光正	2020
男性（67歳以上）	5"65 秒	川﨑 広道	2018
男性（65歳以上）	6"18 秒	只野 幸治	2007
男性（60歳以上）	10"28 秒	竹内 博行	2019
男性（45歳以上）	12"05 秒	大内 勝利	2019
男性（35歳以上）	13"60 秒	大内 勝利	2007
男性（15歳以下）	11"60 秒	大内 勝利	1987
男性（14歳以下）	11"58 秒	大内 勝利	1986
男性（11歳以下）	9"00 秒	高倉 大	2009
男性（10歳以下）	6"85 秒	星 逸樹	2005
男性（8歳以下）	5"47 秒	大内 海人	2010
男性（7歳以下）	4"10 秒 WR	島 彰吾	2002
男性（6歳以下）	3"52 秒 WR	堀井 光流	2006
男性（4歳以下）	0"38 秒	荒波 丈次	2021 NEW
女性（一般）	10"69 秒	酒井 唯加	1998
女性（99歳）	0"68 秒 WR	藤本 俊	2003
女性（75歳以上）	2"43 秒	早川 敬子	2012
女性（68歳以上）	3"03 秒	田畑 志保子	2020 NEW
女性（66歳以上）	3"03 秒	田畑 志保子	2018
女性（65歳以上）	3"58 秒 WR	田畑 志保子	2017
女性（55歳以上）	6"44 秒	田﨑 真理子	2017
女性（50歳以上）	7"31 秒	田﨑 真理子	2014
女性（45歳以上）	8"00 秒	手塚 麻美	2007
女性（35歳以上）	10"47 秒 WR	柿本 千枝子	1993
女性（15歳以下）	8"29 秒	堀 菜華	2018
女性（13歳以下）	8"14 秒	堀 菜華	2016
女性（12歳以下）	7"96 秒	堀 菜華	2015
女性（11歳以下）	7"93 秒 WR	堀 菜華	2014

女性（10 歳以下）	6"00 秒	堀 菜華	2013
女性（9 歳以下）	5"91 秒 WR	白石 萌	2008
女性（8 歳以下）	4"57 秒 WR	白石 萌	2007
女性（7 歳以下）	4"46 秒 WR	堀 菜華	2010

アウトドア T.R.C.

クラス	記録	氏名	年度
男性（一般）	92.64 m	大島 寛	1988
男性（65 歳以上）	25.64 m	只野 幸治	2006
男性（60 歳以上）	39.43 m	竹内 博行	2021 NEW
男性（55 歳以上）	48.21 m	横田 浩	2016
男性（45 歳以上）	60.93 m	大島 寛	2008
男性（35 歳以上）	79.38 m	大島 寛	1997
男性（15 歳以下）	77.87 m	大内 勝利	1987
男性（14 歳以下）	39.09 m	大内 勝利	1986
男性（12 歳以下）	32.40 m	高倉 大	2010
男性（10 歳以下）	27.37 m	荒波 健太	2017
男性（10 歳以下）	20.73 m	大内 海人	2012
男性（9 歳以下）	18.12 m	大島 真	1997
男性（7 歳以下）	17.38 m	堀井 翠	2005
男性（6 歳以下）	8.40 m WR	堀井 光流	2006
女性（一般）	51.33 m	羽深 陽子	1991
女性（75 歳以上）	4.40 m	早川 敬子	2012
女性（55 歳以上）	16.46 m	手塚 麻美	2013
女性（45 歳以上）	22.10 m	手塚 麻美	2010
女性（35 歳以上）	41.19 m	小松 由香里	2013
女性（19 歳以下）	40.95 m	田口 千恵	2004
女性（15 歳以下）	35.00 m	堀 菜華	2018
女性（12 歳以下）	31.19 m	横田 玲奈	2003
女性（10 歳以下）	19.12 m WR	堀 菜華	2013
女性（8 歳以下）	15.53 m WR	堀 菜華	2011
女性（7 歳以下）	14.57 m WR	堀 菜華	2010

索　引

著者紹介

久 保 和 之（くぼ　かずゆき）
1969年　広島市生まれ
1995年　鹿屋体育大学大学院体育学研究科修士課程修了
2003年　中京大学大学院体育学研究科博士課程修了　体育学博士
現　在　龍谷大学社会学部教授
　　　　専攻：スポーツ社会学，レジャー・レクリエーション研究
　　　　フライングディスクサークル　ROC-A-AIR　部長

学生時代に授業でフライングディスクを学び，ディスクゴルフ大会にて師岡文男氏と出会う．サッカー部の合間にアルティメットの交流試合に参加．大学院博士課程在籍中に江橋慎四郎氏とディスクゴルフを楽しむとともに日本フライングディスク協会公認インストラクター１級を取得し，非常勤講師として中京大学，名古屋経済大学，日本福祉大学などでニュースポーツやフライングディスクを指導．同時期にアルティメットの競技と指導を本格的に開始．2000年より2010年までアルティメット世界大会マスター部門に出場．ガッツやディスクゴルフ，個人総合選手権にも出場するオールラウンドプレーヤー．2000年，2002年，2004年，2022年の世界大会でSOTGアワード受賞．

主要業績

『健康と運動・スポーツ入門』（共著，中部日本教育文化会，1996年）．
『生涯スポーツ実践論』（共著，市村出版，2002年）．
『ジグゾーパズルで考える総合型地域スポーツクラブ』（共著，大修館書店，2002年）．
『スポーツイベントのマーケティング』（共著，市村出版，2010年）．
『コミュニティリーダーを育てる』（共著，晃洋書房，2014年）．

フライングディスクの指導教本
——フライングディスクの飛行について——

2023年2月28日　初版第1刷発行　　＊定価はカバーに
　　　　　　　　　　　　　　　　　　　表示してあります

著　者　久　保　和　之ⓒ

発行者　萩　原　淳　平

印刷者　田　中　雅　博

発行所　株式会社　晃　洋　書　房

☎615-0026　京都市右京区西院北矢掛町7番地
電話　075（312）0788番㈹
振替口座　01040-6-32280

装丁　㈱クオリアデザイン事務所　印刷・製本　創栄図書印刷㈱
ISBN 978-4-7710-3702-1